国家级职业教育规划教材
全国职业院校学前教育专业教材

第2版

幼儿园环境创设

杨道才　主编

中国劳动社会保障出版社

简　介

教材内容包括幼儿园环境创设概述、幼儿园墙饰创设、幼儿园班级活动环境创设、幼儿园室内公共环境创设、幼儿园户外环境创设、国际主流学前教育课程模式环境创设等。教材案例丰富，实用性强，适用于职业院校教学使用。

本教材由杨道才任主编，刁建平任主审。

图书在版编目（CIP）数据

幼儿园环境创设 / 杨道才主编 . -- 2 版 . -- 北京：中国劳动社会保障出版社，2020
全国职业院校学前教育专业教材
ISBN 978-7-5167-4534-2

Ⅰ.①幼… Ⅱ.①杨… Ⅲ.①幼儿园－环境设计－高等职业教育－教材 Ⅳ.①G617

中国版本图书馆 CIP 数据核字（2020）第 134845 号

中国劳动社会保障出版社出版发行
（北京市惠新东街 1 号　邮政编码：100029）

*

北京市艺辉印刷有限公司印刷装订　新华书店经销
787 毫米 × 1092 毫米　16 开本　9 印张　151 千字
2020 年 8 月第 2 版　2024 年12月第 7 次印刷
定价：23.00 元

营销中心电话：400-606-6496
出版社网址：http://www.class.com.cn
http://jg.class.com.cn

前　言

学前教育是终身学习的开端，是国民教育体系的重要组成部分，是重要的社会公益事业。学前教师教育担负着培养学前师资的重任，始终受到国家的高度重视，2018 年《中共中央　国务院关于学前教育深化改革规范发展的若干意见》明确提出要“办好学前教育”“大力加强幼儿园教师队伍建设”。为了适应学前教育发展的形势，满足学校培养学前师资的教学要求，2020 年，我们对全国职业院校学前教育专业教材进行了修订和补充，重点做了以下几方面的工作。

第一，完善了教材体系。根据目前职业院校学前教育专业的教学实际，增加了《幼儿行为观察与指导》《幼儿园游戏》等教材，将《舞蹈（第二版）》和《幼儿舞蹈创编与教法》整合为《幼儿教师舞蹈基础》，将《基本乐理与伴奏编配（第二版）》分为《基本乐理》和《简易钢琴伴奏构建法》。调整后，整套教材体系更加科学、完善，便于教学的开展。

第二，更新了教材内容。对上版教材中的部分内容进行了调整、补充和更新，使教材更加符合当前职业院校学前教育理念和实践方法。增加了实践性教学内容的比重，主要技能点均配以详细的操作指导，以引导学生运用所学知识分析和解决实际问题。

第三，提升了教材表现形式。通过设置知识卡、能力卡、情景再现、引导案例等栏目，增加教材的亲和力，激发学生的学习兴趣。同时，加强了图片、表格及色彩的运用，营造出更加直观的认知环境，提高了教材的趣味性和可读性。

第四，加强了教材立体化资源建设。在教材修订的同时，开发了与教材配套的习题册和电子课件。电子课件及习题答案可登录技工教育网（jg.class.com.cn），搜索相应的书目，在相关资源中下载。在部分教材中使用了二维码技术，针对教材中的教学重点和难点制作了演示视频、音频等多媒体素材，学生使用移动终端扫描二维码即可在线观看或收听相应内容。

本套教材的编写得到了有关学校的大力支持，教材编审人员做了大量的工作，在此我们表示衷心的感谢！同时，恳切希望广大读者对教材提出宝贵的意见和建议。

人力资源社会保障部教材办公室

目　录

第一章 幼儿园环境创设概述

学习目标

- ◆ 明确幼儿园环境的概念，理解幼儿园环境的构成和特点
- ◆ 理解幼儿园环境创设的概念、依据和原则
- ◆ 掌握幼儿园环境创设的学习方法

第一节　幼儿园环境

幼儿教育的三个基本要素是幼儿、幼儿园教师和幼儿园环境。幼儿园是促进幼儿身心发展的重要场所，其环境具有特殊的价值与意义，加之3～6岁的幼儿不具备成人对环境的选择、适应和改造等能力，所以创设一个科学而适宜的幼儿园教育环境对幼儿教育尤为重要。

一、幼儿园环境的概念

环境是人类赖以生存和发展的各种条件的总和。幼儿园环境是指幼儿园保育和教育赖以进行的一切条件的总和，包括幼儿身心发展所必须具备的一切物质环境、精神环境

（心理环境）和社会环境。

中国现代学前教育先驱陈鹤琴认为，幼儿园环境是“儿童所接触的，能给他以刺激的一切物质”。《幼儿园教育指导纲要（试行）》（以下简称《纲要》）指出：“幼儿园应为幼儿提供健康、丰富的生活和活动环境，满足他们多方面发展的需要，使他们在快乐的童年生活中获得有益于身心发展的经验。”近年来，在幼儿园教育活动中，环境作为一种“隐性课程”，越来越引起人们的重视。

某幼儿园

图片说明：该幼儿园的设计注重幼儿园与环境的关系。背面封闭朝向嘈杂的公路，正面包围幼儿活动场地，形成不受外界干扰的空间。整体造型简洁、富于变化。平面的弧形构图与地形的等高线平行（虽然坡度不大，但足以体现设计者对环境的重视）。

二、幼儿园环境的类型

幼儿园环境的分类有多种标准，较常见的标准有按空间形态分类和按组成内容性质分类两种。

1. 按空间形态分类

（1）室内环境

室内环境可分为班级活动环境（通常包括教学区、游戏区等学习空间和寝室、餐厅、盥洗室、卫生间等生活空间）、室内公共环境（通常包括各种公共功能室、门厅、走廊与楼梯等）。

（2）户外环境

户外环境可分为活动操场、游乐区、种植区、养殖区、沙水区等。

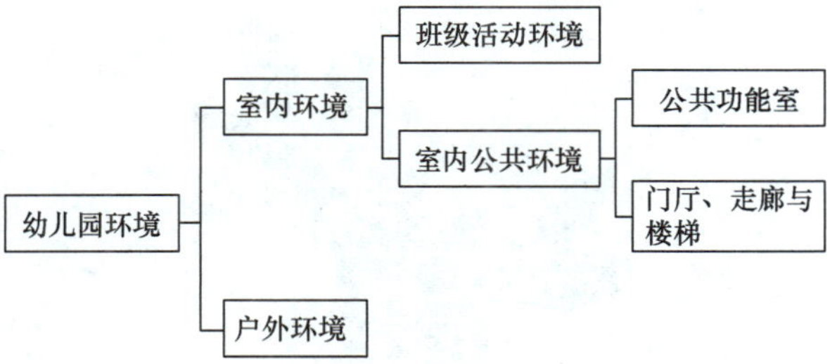

幼儿园环境的空间形态分类

2. 按组成内容性质分类

按此标准，幼儿园环境可分为物质环境和精神环境，即可见环境和不可见环境。

（1）物质环境

物质环境是指幼儿生活、游戏、学习以及教师和其他工作人员工作所需的一切物质性条件，主要包括园舍、室内外装饰与布置、游戏设施与设备、教育教学设备、辅助设施、家具、玩教具、图书等。

（2）精神环境

精神环境是指由人际关系、教育观、儿童观、办园理念、人文态度、集体氛围、园本文化、园风园貌、管理机制等要素共同构成的幼儿交往和活动所需的软环境。在幼儿园精神环境各构成要素中最重要的是师幼关系和同伴关系。

睿宝国学实验幼稚园园徽

图片说明：幼儿园的园徽是一所幼儿园外在形象的标志，是反映幼儿园办园理念和园本文化的重要形式。该园徽的图形以传统国学文化为设计主体，运用毛笔笔触的设计手法画出“海”和“太阳”。“海”象征着汇聚百川，“太阳”象征着光明、健康、快乐、活力。代表太阳光线的七个点由小到大，具有乐感，表现出幼儿园生活的幸福快乐。同时，光线的设计运用了七种色彩来表现，代表幼儿园在教学中注重传统文化和艺术表现的整合，塑造幼儿“仁、礼、义、节、智、信、让”七种品质。

橄榄树幼儿园园徽

图片说明：该园徽以橄榄树为设计元素，体现橄榄树幼儿园名称的特定内涵和“往下扎根，向上结果”的核心理念。标志将教师为幼儿示范的动作演化成树干，体现幼儿园“发展天性、培育品格、生成智慧、均衡成长”的教育精神，表现出幼儿园教书育人的属性。标志的树叶多姿多彩，寓意幼儿的童真和幼儿园活动的多元化。整体设计采用手绘的设计手法，更贴近幼儿天真烂漫的天性。

三、幼儿园环境的特点

1. 安全性与儿童性

幼儿园是幼儿生活、游戏和学习的场所，安全性是幼儿园环境最核心的特点，确保幼儿生命安全和身心健康是幼儿园的重中之重。幼儿有安全感，才会放开手脚，有胆量去活动。同时，环境安全要符合幼儿年龄特点，符合儿童性，即以幼儿为本，从幼儿的发展需要出发，使幼儿园环境有利于幼儿身体的正常发育、机能协调和全面发展。

2. 游戏性与生活性

幼儿阶段的特点是“生活即游戏，游戏即生活”。幼儿在幼儿园一日生活中的绝大部分时间都是在游戏，因此，游戏性是幼儿园环境最突出的特点。陶行知指出，“生活教育是生活所原有，生活所自营，生活所必需的教育”。幼儿园环境的生活性主要包括充分挖掘各种生活资源，投放幼儿喜闻乐见的操作材料，激发幼儿对生活的热爱，提高幼儿的生活能力；创造幼儿接触自然、亲近自然的机会和条件，在环境中有机地融入大自然中的有益元素。

3. 教育性与适宜性

幼儿园环境的教育性主要体现在创设与教育相适应的良好环境，为幼儿提供活动表现的机会和条件。为幼儿提供的环境应与幼儿的年龄阶段、认知发展水平和心理特点相适应，使幼儿与环境的互动所得到的发展与他们自身的特点相符合。

4. 互动性与开放性

互动性是指教育环境中教师、幼儿、环境、材料等要素的相互作用、相互结合。环境成为教育资源的过程应该是师幼互动的过程，要强化以幼儿为主体的意识，引发、支持幼儿与周围环境之间积极的相互作用，使幼儿真正成为环境的主人。

为了确保幼儿的全面发展，仅仅依靠幼儿园的内部环境是远远不够的，幼儿园还要建立开放的环境观，采取走出去、引进来的方式，充分开发和利用各种有益于幼儿经验积累和发展的教育资源。可以整合和利用社区、家庭等教育资源，开展丰富多彩的社会实践和家园合作活动，拓展和延伸幼儿的生活视野。

幼儿园文艺汇演

图片说明：幼儿园可以利用各种节日（如“六一”儿童节）把特色教育的成果向社区和家长做展示，推进社会实践和家园合作的开展。

第二节　幼儿园环境创设的理论基础

环境是重要的教育资源，环境创设是幼儿园教育最重要的课程资源。《幼儿园教师专业标准（试行）》（以下简称《标准》）不仅在专业理念维度上要求幼儿园教师“重视环境和游戏对幼儿发展的独特作用，创设富有教育意义的环境氛围，将游戏作为幼儿的主要活动”，更在专业能力维度上将“环境创设与利用”列为幼儿园教师专业能力之首。

一、幼儿园环境创设的概念

幼儿园环境创设是指教育者根据幼儿园教育目标和幼儿身心发展规律、需要，充分挖掘和利用幼儿生活环境中的教育因素，并创设幼儿与环境积极作用的活动场景，把环境因素转化为教育因素，促进幼儿身心主动发展的过程。

环境创设与环境装饰是两个截然不同的概念。环境装饰是指以装饰材料为物质基础，以绘画和制作为基本手段，以平面、浮雕等为基本艺术形式，使环境呈现创作者审美取向的活动过程，属于纯粹的环境美化，注重美术能力与技巧。环境创设侧重于教育理念与目标，更加注重幼儿的参与和师幼互动，其重点不仅在于物质环境的改善，更重要的是关注幼儿精神环境的建设。由此可见，幼儿园环境创设不是简单的环境装饰，不是教师用于课程过渡的环节，而是一种教育形式，是幼儿教育课程的一个部分。

图片说明：左图是幼儿园开学时的环境创设，侧重于入学氛围的营造；右图是幼儿园大厅的环境装饰，侧重于环境的美化。

二、幼儿园环境创设的依据

1. 理论依据

（1）幼儿园环境创设的教育学依据

中外教育家有关教育环境的思想与观点对于创设和优化幼儿园环境具有巨大的现实意义。

陈鹤琴的“活教育”理论认为，幼儿园的课程应以幼儿的环境（包括自然环境与社会环境）为中心。“儿童的环境不外乎两种：一种是自然的环境；另一种是社会的环境。自然的环境就是各种动植物的现象。社会的环境就是个人、家庭、集社、市廛（市场）等类的交往。”由于“这两种环境都是儿童天天要接触的，所以我们应当利用这两种环境作为幼稚园课程的中心”。总之，“大自然、大社会是我们的活教材”，我们应当“注意环境，利用环境”。

蒙台梭利根据自己开办“儿童之家”的幼儿教育实践经验，提出了“有准备的环境”理论：必须是有规律、有秩序的生活环境；能提供美观、实用、对幼儿有吸引力的生活设备和用具；能丰富幼儿的生活印象；能为幼儿提供感官训练的教材或教具，促进幼儿智力的发展；能让幼儿独立地活动、自然地表现，并意识到自己的力量；能引导幼儿形成一定的行为规范，做到在环境中注重秩序、结构和幼儿的自由发展。

有关幼儿园环境创设的论述、研究成果与实践经验非常多，除了上述两位教育家的理论外，还有瑞吉欧幼儿教育模式中的“第三位教师”、陶行知的“教学做合一”等，都为幼儿园环境创设提供了很好的指导思想和途径。

（2）幼儿园环境创设的心理学依据

1）机能主义心理学派的环境思想。早期代表人物詹姆斯强调心理生活在适应环境中的作用，主张意识的机能是指导有机体达到生存的目的，而意识的选择受到一些因素的影响。美国哲学家、教育家杜威认为，人总是生存于某种环境中，有机体要生存下去，就必须适应环境，在人与环境的相互作用中产生经验，这种经验使人与环境形成一个不可分割的整体。

2）行为主义心理学派的环境思想。行为主义学派创始人约翰·华生认为从行为塑造的角度出发，人的行为就是“刺激—反应的互动，通过刺激可以预测反应，通过反应可以预测刺激”。美国心理学家斯金纳从强化控制的角度提出“人的行为大部分是操作性的，任何习得行为，都与及时强化有关”。美国心理学家阿尔伯特·班杜拉从三元交互作用的角度出发，认为环境是一种幼儿学习的潜在课程，在指导幼儿学习时，除了重视个人的能力发展以及情绪反应、认知过程外，还应注重设置良好的环境。

3）格式塔心理学派的环境思想。首先，格式塔心理学提供了一个视角，即把环境视为一个整体，强调整个环境对人的影响和人们对整个环境的知觉；其次，格式塔心理学突出了人们对于环境的理解，即突出了环境的主观层面。

4）精神分析心理学派的环境思想。精神分析心理学派没有形成系统的学前教育理论，但在该学派学者的著作中有不少对学前教育理论构建具有启发意义的思想。例如，弗洛伊德强调幼年生活经验和教育对于幼儿心理发展和人格发展的重大意义，阿德勒更注重社会因素对人格发展的影响以及环境对幼儿教育的作用，霍妮、沙利文重视幼儿期的人际关系对幼儿健康人格发展的重要性。

5）认知心理学派的环境思想。皮亚杰提出影响幼儿认知发展的因素主要是成熟、物理环境、社会环境和平衡化，物理环境和社会环境的作用是发展的经典性因素。当幼儿园环境可以真正为幼儿所喜爱、所接受，它就能被幼儿所同化。幼儿的发展与社会环境不可分离，社会环境造就了幼儿的认知过程，其本身就是幼儿发展过程的一部分。

2. 教育政策法规

在我国幼儿园环境创设的实践中，《纲要》和《标准》是具体的指导依据。

《纲要》关于幼儿园环境创设问题提出：“环境是重要的教育资源，应通过环境的创设和利用，有效地促进幼儿的发展。”在实施中，幼儿园的空间、设施、活动材料和常规要求等应有利于引发、支持幼儿的游戏和各种探索活动，有利于引发、支持幼儿与周围环境之间积极的相互作用；幼儿同伴群体及幼儿园教师集体是宝贵的教育资源，应充分发挥这一资源的作用；教师的态度和管理方式应有助于形成安全、温馨的心理环境，言行举止应成为幼儿学习的良好榜样；家庭是幼儿园重要的合作伙伴，应本着尊重、平等、合作的原则，争取家长的理解、支持和主动参与，并积极支持、帮助家长提高教育能力；充分利用自然环境和社区教育资源，扩展幼儿生活和学习的空间。幼儿园同时应为社区的早期教育提供服务。

《标准》从专业能力的角度提出幼儿园教师要掌握环境的创设与利用的能力。其具体要求是：“建立良好的师幼关系，帮助幼儿建立良好的同伴关系，让幼儿感到温暖和愉悦；建立班级秩序与规则，营造良好的班级氛围，让幼儿感受到安全、舒适；创设有助于促进幼儿成长、学习、游戏的教育环境；合理利用资源，为幼儿提供和制作适合的玩教具和学习材料，引发和支持幼儿的主动活动。”

如果说《纲要》是从政策层面为实践中如何创设幼儿园环境指明了方向，那么，《标准》则是从能力层面为幼儿园环境创设提供了师资资源保障。

3. 幼儿园园本文化建设

（1）园本文化是幼儿园环境创设的最直接依据

园本文化是一所幼儿园在长期教育实践中形成的一种特有的价值观念及承载这些价值观念的活动形式和物质形态，包括幼儿园成员共同遵循的最高目标、价值标准、基本信念和行为规范等。园本文化主要由物质文化、制度文化和精神文化构成。

物质文化是幼儿园文化的外部表现和形象。园容、园貌、园徽、园旗、服饰等，都以具体的形象或符号展现幼儿园特有的文化意味。制度文化是幼儿园文化的集中体现和价值取向的固化形式，也是教职员工各项行为的对照标准，包括园规园纪、作息时间、保教工作常规与规范、一日保育程序、家园合作等，是幼儿园管理思想和特色的体现。精神文化是幼儿园文化的深层次内容，是幼儿园教育观、价值观和精神风貌最本质、最具个性的集中体现，也是幼儿园发展的内在驱动力。

园本文化凝聚着全体教职员工的思想和智慧，是一所幼儿园环境创设工作中最值得参考的依据。

（2）在环境创设中彰显园本文化

苏霍姆林斯基说过："我们的教育应当使每一堵墙都说话。"环境是通过潜移默化的方式对幼儿产生影响的，而这种影响是深刻而持久的。幼儿园的环境大到建筑物的外观形状与色彩、内部结构与布局、走廊过道、园庭景观、活动场所，小到游戏器材、玩具教具、操作材料，无不传递和展示着幼儿园的园本文化。

"开心主题墙"

"开心厨房"

图片说明：常州市某幼儿园围绕"开心"理念开展幼儿园环境创设，从大厅的"开心主题墙"到幼儿进行生活体验的"开心厨房"，再到一日生活活动开心氛围的营造，处处体现"开心"的园本文化。

三、幼儿园环境创设的原则

1. 环境与教育目标的一致性原则

环境与教育目标的一致性原则是指环境的创设要体现环境的教育性，即环境设计的目标要与幼儿园教育目标相一致（见幼儿园教育目标层次结构图），并符合幼儿全面发展的需要。我国幼儿园教育的目标是“对幼儿实施体、智、德、美等方面全面发展的教育，促进其身心和谐发展”。创设环境时，要以此目标为依据，把教育目标落实到月计划、周计划、日计划及每一项具体的活动中。

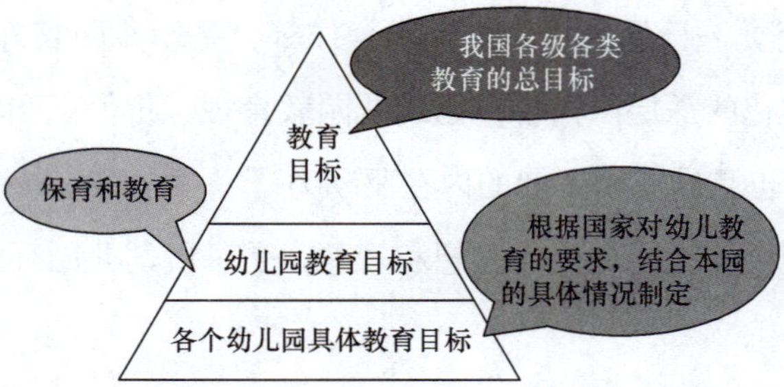

幼儿园教育目标层次结构

某幼儿园教育目标

图片说明：该幼儿园教育目标：让每个孩子健康，让每个孩子智慧，让每个孩子自信，让每个孩子快乐，让每个孩子有人生的最佳起点。

2. 发展适宜性原则

环境的创设既要考虑到幼儿的共性，也要关注其个体差异性。在遵循环境整体儿童性特点，保持其童趣性的同时，要遵循其发展适宜性。从一般年龄特征来看，小班、中班、大班幼儿具有身心发展特点上的明显差异，他们所需要的环境也不尽相同。因此，教师要根据幼儿不同的年龄特征为其提供适宜的发展环境，要让每个幼儿都能在适宜的环境中得到最大限度的提高和发展。另外，环境创设不能一成不变，要把握环境的动态性，关注环境的变化和完善。

小班饮水区环境创设

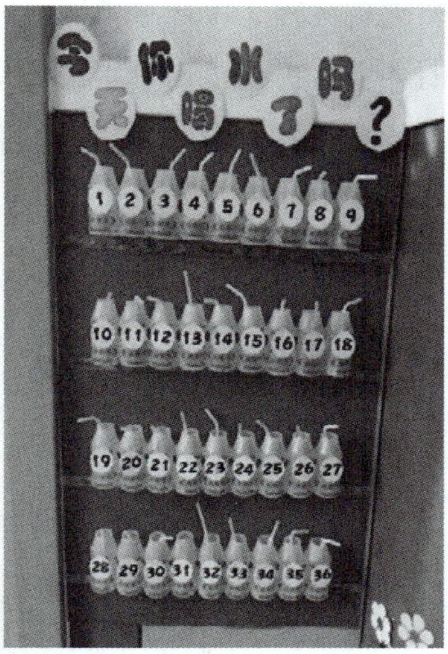

中班饮水区环境创设

大班饮水区环境创设

图片说明：饮水区标识要让幼儿“看得见、读得懂”，其创设要点与幼儿年龄特点相关。小班的标识：以教师为主的方式创设，内容是生活技能的学习等，采用形象逼真、能反映真实生活内容的照片或卡通图片呈现，让幼儿一眼就能看懂。中班的标识：以教师为主、幼儿为辅的方式创设，内容主要是生活习惯的养成等，以具象图示为主、抽象图示为辅的方法进行。大班的标识：以幼儿为主、教师鼓励建议为辅的方式创设，内容是教师观察及与幼儿在互动讨论中产生的生活问题与行为要点及安全提示等，可指导幼儿采用图文并茂、简洁易懂的表现符号自主创设。

3. 主体性原则

陈鹤琴在分析创设环境的问题时指出，“不要教师自己来做，让学生们自己来设计，自己来布置，这才格外有意思，也才更有教育意义”。总之，“通过儿童的思想和双手所布置的环境，可使他对环境中的事物更加认识，也更加爱护。”由此可见，教师应该学会如何引导幼儿运用大脑和双手来布置环境，要建立环境创设的主体是幼儿的意识，培养幼儿的主体精神，培养幼儿的责任感。

“我和小树同成长”——植树节主题活动展示

图片说明：主题活动采用第一人称，每个幼儿选用自己最喜爱的活动照片并配上各自的心里话，既突出幼儿的主体作用，又培养了幼儿做环境的小主人的意识。

4. 经济性原则

随着经济条件的不断改善以及家长对幼儿园环境的要求不断提高，幼儿园的环境布置档次越来越高，甚至出现奢华的倾向，一些办园者把精力主要放在幼儿园装修豪华程度的相互攀比上，从而偏离了幼儿教育的宗旨。遵循经济性原则，关注效用性，应当根据本地区、本园的实际情况，把经费投入到有利于幼儿的发展上，投入到提高教育的质量上。例如，由教师和幼儿共同发现、共同创制材料，巧妙地利用身边的废旧物品、自然材料等，既能开发幼儿的想象力和创造力，又体现了经济性原则。

使用废旧报刊装饰的门框

使用废旧瓶罐制作的艺术品

5. 独特性原则

每一所幼儿园都应该具有自己的园本文化，都应该拥有自己的办园特色，在创设环境时要服从于本园的教学特色。幼儿园要突出独特性原则，就要做到“人无我有，人有我优”，在环境创设时切忌模仿、抄袭，要有所创意，一个好的创意是幼儿园竞争力、生命力的有力保障，也是幼儿园独特性最直接的表现。

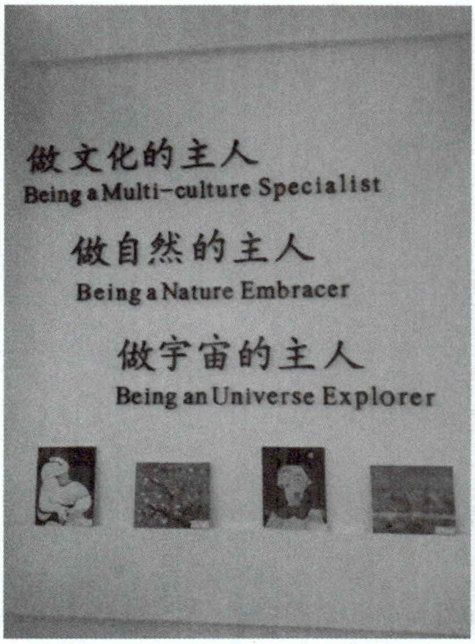

宋庆龄国际幼儿园教育理念

宋庆龄国际幼儿园三楼长廊的环境

图片说明：宋庆龄国际幼儿园的核心教育理念是宋庆龄女士“让儿童立志做文化的主人，做自然的主人，做宇宙的主人”的教育思想。1 ～ 3 楼的长廊则分别以文化、自然、宇宙为主题加以创设，形成了独有的风格。

四、幼儿园环境创设的类型

1. 幼儿园墙饰创设

幼儿园的墙饰是一个“会说话”的教育教学资源，如家园联系栏、主题墙等重要资源，因此幼儿园墙饰创设是丰富幼儿园教育环境，优化教学手段，提高教育质量的一个重要途径。

2. 幼儿园室内环境创设

从幼儿园职前教师的成长经历来看，入职或进入幼儿园实习，其主要工作地点是幼儿活动室，而这也是幼儿“主动活动”的环境，所以幼儿园室内环境创设的重点是班级活动环境的创设。同时，对室内环境中公共环境的创设也要予以重视。

3. 幼儿园户外环境创设

幼儿还有大量的活动在幼儿园户外进行，所以，户外环境的创设也是幼儿园环境创设不可或缺的重要组成部分。

第三节　如何学习幼儿园环境创设

一、幼儿园环境创设与相关学科的关系

幼儿园建构式课程以主题为主线，在主题活动进行中，环境创设就像“骨架”一样把主题涉及的各个方面和一系列活动呈现出来。掌握环境创设与绘画、手工、玩教具制作、幼儿游戏、各领域教育活动以及幼儿园课程之间的关系，是学习幼儿园环境创设的前提。

1. 幼儿园环境创设与幼儿园课程

（1）环境创设生成课程

环境是重要的教育资源，是幼儿园课程内容的主要来源。幼儿对周围环境产生了兴趣，发现了问题，教师马上给予适当引导，生成相关学习内容，促进幼儿的发展。以环境创设为主题形成幼儿经验、想法表达和表现的空间，主题依靠环境而更深入、更具体地展开，每一个主题活动又为环境创设提供了展示的内容，正所谓“环境生成课程，课程主题来源于幼儿与环境的互动作用”。

某幼儿园“情系常州三宝”开心体验之旅

图片说明：“常州三宝”是指三种具有常州文化底蕴和特色的手工艺品——梳篦、乱针绣、留青竹刻。这些宝贵的文化遗产见证着常州的文化和历史。该幼儿园“情系常州三宝”开心体验之旅，在使幼儿感受常州特有的非物质文化遗产魅力的同时，也激发了幼儿更好地保护和传承非物质文化遗产的责任感。

（2）环境创设影响课程设计

良好的环境布置会直接促进幼儿主体性、创造性的发挥，能有效地激发幼儿内在的学习动机。课程在某种特定的环境中进行，需要得到环境的支持，因此，环境的创设需要预设，而环境创设是否合理将影响到课程能否顺利进行。

“我们的动物朋友”主题墙创设

（3）环境创设是课程的记录

环境创设不仅可以生成课程，推动课程开展，还是最佳的课程记录。在幼儿园每次活动中或活动后，教师都会和幼儿一起将活动内容或实录以照片、文字、图画等多种形式体现在环境上，以此来呈现主题活动的进展情况，同时也借此帮助幼儿梳理、积累在活动中获得的相关经验。从环境创设中不仅可以看出课程活动开展的印迹，更可以欣喜地看到幼儿在课程活动中能力的提升，以及幼儿的成长和变化。

环境创设能促使教师不断地自我反省，分享经验，同时，环境创设提高了幼儿对活动的兴趣，增强了幼儿的自信心，还有益于使家长了解幼儿的活动过程并积极参与到活动中去，加强了家园间的沟通。

以“树”为主题的活动和主题墙创设

2. 幼儿园环境创设与幼儿游戏

（1）游戏促进幼儿与环境的相互作用

在以往的幼儿游戏指导过程中，教师往往把幼儿看作一个被动的环境适应者，从而忽视了游戏应有的教育价值。正确的做法是，教师应该树立正确的游戏观与环境观，让幼儿成为游戏的主人，充分观察了解幼儿游戏发展水平以及与环境的适应程度，为幼儿创设能够进行操作、改造、调节并能将其纳入自己经验体系的环境，这样不仅能激发幼儿游戏的愿望和兴趣，还有利于幼儿在与环境的交互作用中获得发展。

（2）环境是游戏的重要组成

游戏是幼儿的基本活动，是每个幼儿的权利。开展游戏活动离不开环境，为了发挥游戏促进幼儿积极性、主动性、创造性发展的功能，必须创设良好的游戏环境。创设符合幼儿年龄特征和心理发展需要的游戏环境，是保护幼儿行使游戏权利的具体体现。

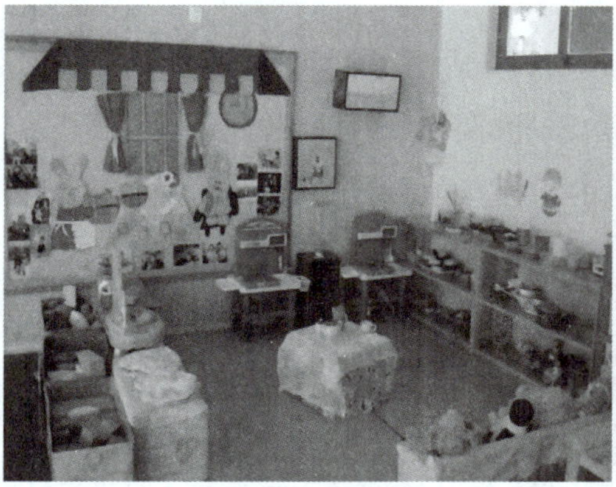

“娃娃家”环境创设

“开心超市”环境创设

（3）创设良好的精神环境是游戏活动的目标

幼儿游戏活动的目标最本质、最重要的意义在于服务幼儿的发展。通过游戏活动可以建立良好的师幼关系和幼儿之间的同伴关系，从而创造出一个宽松、自由的氛围，这种心理氛围恰恰是幼儿园环境的重要组成部分。可以说，创设一个良好的精神环境是游戏活动所要达到的目标。

3. 幼儿园环境创设与幼儿教育的五大领域

为进一步发挥教育环境的重要作用，《纲要》和《标准》均在五大领域的教育内容和要求中，从物质和精神两个层面提出具有各领域特点的教育环境创设建议和要求，从而为幼儿园的实际教学提供了切实可行的操作建议。教师要结合幼儿园及幼儿园所在地经济与文化发展的实际情况、幼儿的年龄特点灵活创设和运用相应的活动环境。

“科学发现区”环境创设

4. 幼儿园环境创设与绘画、手工、玩教具制作

在现有的学前教育专业学科体系中，绘画、手工、玩教具制作大都是作为环境创设的前置课程，但在幼儿园的实际教学中更多是把幼儿园环境创设与美术课程有机整合。例如，教师在带领幼儿创设墙饰、室内环境等的同时，也锻炼了幼儿绘画、手工、玩教具制作等的技能水平。

二、幼儿园环境创设的学习方法

1. 静心学习从理论开始

理论来源于实践，又服务指导实践。要学好幼儿园环境创设，必须静下心来，认真研读幼儿教育学和幼儿心理学等学前教育基础理论。这些理论的学习能够帮助学习者理清思路、明确方向，避免工作中的盲目性，提高幼儿教学成效。

例如，与幼儿园环境创设关系最紧密的幼儿教育学，作为基础性学科，它反映的是幼儿教育现象中最本质的内容，揭示的是最基本的规律。只有在这些基本规律的指导下，才能更好地学习和理解幼儿园环境创设课程，才能打下更为深厚的教育理论基础。再如，幼儿心理学是研究幼儿心理发展规律和特点的学科，它为学好幼儿园环境创设提供心理学依据。学好幼儿心理学，可以预见幼儿心理的变化，为幼儿营造更适合的环境，进而有意识地引导幼儿的心理向更好的方向发展。

2. 倾心学习从教学实践开始

理论联系实际是学习任何一门学科所必须遵循的指导方针和基本方法。学习者在学习幼儿园环境创设课程理论知识的同时，要经常到幼儿园进行教育见习和教学实习，既要总体上了解幼儿园的办园理念，也要认真研读幼儿园环境创设的每一个细节。在教学实习中，要与教师和幼儿一起参与环境创设，多向幼儿园教师学习其成功的经验，同时，也要树立教学相长的理念，走进幼儿的心里，与幼儿一起挖掘教育资源。

3. 潜心学习从艺术实践开始

舞蹈、钢琴、歌唱、绘画、手工、书法等专业技能，不仅是将来教学中必需的能力，同时也是培养未来的幼儿教育工作者自身审美感的重要渠道。艺术实践是师范性和艺术性的统一，是学前教育教学和实际工作的联结点，在学前教育专业中占有很重要的地位。艺术来源于生活，艺术实践必须融入社会生活当中，用艺术的视角去观察现实生活，并借助艺术教育的内容来完善艺术认知和艺术技能，从而提升个人的艺术素质和艺术作品的品质。

“千里之行，始于足下”，幼儿园课程素材大都来源于自然、来源于生活，只有走出去，才能开阔眼界，亲近大自然，真正感悟生活中的美，才能不断地提高自身的审美素养。

思考·练习

1. 简述幼儿园环境的特点。

2. 深入三所幼儿园，收集案例，理解并说明幼儿园环境创设的原则。

3. 利用到幼儿园实习的机会，采访该幼儿园园长或经验丰富的教师，探究幼儿园环境创设的学习方法。

第二章 幼儿园墙饰创设

学习目标

- ◆ 明确幼儿园墙饰的分类，了解墙饰创设的原则和要素
- ◆ 理解家园联系栏的功能，掌握家园联系栏的创设要求与方法
- ◆ 理解主题墙的功能，掌握主题墙的创设要求与方法

第一节　幼儿园墙饰创设概述

幼儿园的墙饰是促进幼儿发展不可缺少的“环境”。墙面环境作为物质环境与精神环境的结合，它不仅具有装饰、美化幼儿园的作用，而且可以丰富幼儿的知识，陶冶幼儿的情操，培养幼儿的审美能力和思维、想象能力等，是对幼儿施以教育的有效途径，一直是幼儿园环境创设的重要部分。墙饰创设已经成为幼儿园教育教学的有效手段，也逐渐成为幼儿园工作的热点。

一、幼儿园墙饰的分类

通常情况下，幼儿园墙饰可分为装饰性墙饰、功能性墙饰两大类。

1. 装饰性墙饰

装饰性墙饰主要是用于装饰和美化教室环境，其教育效果是让幼儿得到美的熏陶和享受，主要在造型美、色彩美、形式美、内容美等方面下功夫。例如，艺术欣赏类墙饰的选材可以是国内外童话名著、民间优秀的童话故事，或体现童趣、童乐的其他内容。装饰性墙饰也适合布置成保留时间较长的主墙饰。

童话故事吊饰

童话故事天花板壁画

幼儿园走廊的装饰性墙饰

2. 功能性墙饰

功能性墙饰即实用性墙饰，通常可分为三类：一类有明确使用目的，通常为班级常规性内容，如室标和班标、晨检牌、家园共育栏、值日表、作息时间表、一周食谱、红星榜等；一类用于知识渗透，强调幼儿的参与性，此类墙饰内容可选择的范围比较广，如自然科学、幼儿生活、环保知识、宇宙知识、时事新闻等；一类依据幼儿园课程目标创设，也称单元小墙饰，其形式和内容的选择及创设都以完成课程目标为目的，单元小墙饰的更换周期快，以小块区域和室内为主。

一周食谱

晨检牌

二、幼儿园墙饰创设的原则

墙饰创设是幼儿园环境创设的一部分，除必须遵循幼儿园环境创设的各项原则外，还要注意以下创设要点。

1. 以幼儿的视角为中心

幼儿园墙饰创设应以幼儿的视角为中心，基本上设置在 1 m 高，幼儿平视即可看到，此类细节能充分体现出是否把幼儿作为教育活动的主体。如果墙饰布置过高，幼儿伸手都够不到，则幼儿无法很好地与墙面环境互动。

从心理特征来说，色彩明快、造型夸张的形象是幼儿最易接受和喜爱的视觉符号。墙饰创设的目的是激发幼儿的好奇心，引起他们的求知欲，启发他们去思考、去探索。所以，在造型方面，应该采用简化概括、夸张变形的表现手法，以拟人的可爱卡通形象为主，采用愉悦、明快的色彩，从而使幼儿能主动、自愿地融入学习环境。

楼梯墙裙装饰

2. 与幼儿年龄相适应

幼儿园里每个年龄班的幼儿身体和智力情况都不尽相同，有时还会呈现出很大差异。在美术方面，小班幼儿已经开始使用线条和色彩来表现客观世界，懂得用线条和色彩来表现自己心目中的形象。这个时期的幼儿运用简单的涂色、染色或撕贴等方法来表现形象。中班幼儿一般心智能力进一步提高，由于腕部肌肉的发展，手的动作更加协调，可以撕、剪出各种图形进行拼贴，构成房子、家具等形象，表现出直觉思维的丰富性。大班幼儿心智的发展达到了更高的程度，在图像表达、材料选择、工具使用上都具有了一定的能力。这个时期的幼儿在绘画、手工制作、造型创作等方面，都能够较大胆地表现自我，非常适合开展墙饰创设活动。

教师在开展墙饰创设活动时，应该充分考虑以下因素：对幼儿给予不同方式的引导，有的放矢地调动幼儿参与，真正发挥墙饰创设的教育作用。

幼儿园小班“冬天”主题墙

幼儿园中班“冬天”主题墙

幼儿园大班“冬天”主题墙

3. 构图简洁大方而富有变化

在构图方面，要求主体突出、主题鲜明，画面应有大小、高矮、疏密等构图变化，有黑、白、灰颜色变化和点、线、面的穿插布局，使画面给人以韵律感、节奏美，有较强的艺术感染力。幼儿园墙饰创设属于空间艺术造型范畴，应注意对比与协调规则的运用，如设计中经常出现小鸟、花卉、树叶、鱼虫等近似形状的重复排列，这些重复排列同样包含着对比的因素。

幼儿园英语之角：“我的生日是几月”

图片说明：该墙饰运用变化排列的小鱼元素突出构图的变化性，同时凸显了版面的简洁大方

4. 装饰手法和材料的多样性

在造型手法上多采用剪切、粘贴、拓印、浮雕、涂绘等手法，同时墙饰创设还要善于利用各种材料，如利用树叶、树枝拼图，利用布条粘贴小动物，利用彩线构造各种图案，利用边角布料、彩纸等废旧材料增强画面的质感和表现力。装饰时注意手法和材料多样的同时，还应注意风格的统一，切忌琐碎、繁杂、散乱。

幼儿园英语之角：“生日快乐”

图片说明：该墙饰主要运用了剪切、粘贴涂绘等多样化手法，表现出版面的质感和层次感。

5. 与周围环境相协调

创设墙饰时，应考虑幼儿园的整体环境效果，要与大环境的风格协调统一。所有墙饰都是幼儿园整体的一个组成部分，每一部分都要为整体效果服务。要与周边环境相结合，如墙面布置要与室内的家具、地毯、窗帘等在色彩上协调一致。

幼儿园墙饰组图

总之，当幼儿爱上墙饰环境及墙饰创设后，他们学习时就显得轻松并有乐趣了。适宜的、符合幼儿年龄特点的墙饰教育十分重要，它能够开发幼儿的想象力、创造力，提高幼儿的合作能力和动手能力，是幼儿园教育教学中不可缺少的重要的教学方法。

三、幼儿园墙饰创设的基本要素

1. 形象设计

形象作为艺术作品中最重要的元素，也是墙饰创设中的基本要素之一，因此，形象设计直接影响幼儿对墙饰创设的注意和喜爱程度。形象设计在实际操作中有以下几种常用的手法。

（1）变形夸张法

幼儿通常都具有以自我为中心、主观意识强的特点，往往以自己的主观意愿来观察、衡量客观世界。墙饰创设应符合幼儿的这一特点，在设计形象时对客观事物进行适当的夸张变形，突出形象的某些主要特点，使之具有更强烈的表现力和感染力。

变形夸张法的应用

（2）卡通化法

形象设计的卡通化就是对生活原型的归纳、整理、概括，进行艺术加工、删繁就简，使造型简单化、图案化，以增加艺术感染力。

卡通化法的应用

（3）拟人化法

幼儿具有泛灵性的特点，在他们眼中，世界上的一切事物都像人类一样，会说、会动、会思维，有血有肉。根据这一特点在动植物等物体的造型上添加拟人化的特征，如添加眼睛、嘴巴、四肢等，使这些物体在形象上变成具有生命的精灵，会提高幼儿活动的兴趣。

拟人化法的应用

2. 色彩设计

色彩的选用在墙饰创设中同样具有重要的作用，色彩除了能够迅速吸引人的视线以外，还能够使人产生不同的感觉，如红色使人兴奋，蓝色使人安静等。墙饰创设的主题不同，所选用的颜色也不相同，如节假日和欢庆日在色彩上多选用红、黄、橙等暖色调，使幼儿感受到喜气洋洋和热烈的气氛。面对炎炎夏日，可以多选用蓝、青等冷色调，给幼儿清凉、舒适的感受。

在墙饰创设时还要运用色彩的组合搭配，同色系的运用可以产生统一和谐的画面，对比色的运用可以产生强烈刺激的视觉效果。幼儿园墙饰创设时需要注意色彩中大色调之间的对比统一，色彩运用要注意幼儿的欣赏特点，某些色彩可以做一些大胆的夸张，从而达到对比上的强烈效果。

幼儿园语言区墙饰创设

图片说明：该墙饰运用红、黄等暖色调，烘托出中国传统节日——春节的喜庆气氛。

3. 构图设计

幼儿园的墙饰创设除了形象和色彩以外，构图也是其中非常重要的因素之一。因此，在指导幼儿进行墙饰创设时，教师必须引导和启发幼儿按照形式美的规律正确构图，注意强调构图的几何配置。幼儿园常见的几何构图形式如下。

（1）三角形构图

在墙饰上将形象组合成三角形。三角形构图可以是正三角，也可以是斜三角或倒三角，其中斜三角较为常用，也较为灵活。三角形构图具有安定、均衡但不失灵活的特点。

三角形构图

（2）圆形构图

圆形构图是将形象排列成圆形或弧形的构图方式。圆形构图给人以完整、圆满、幽静的感受。

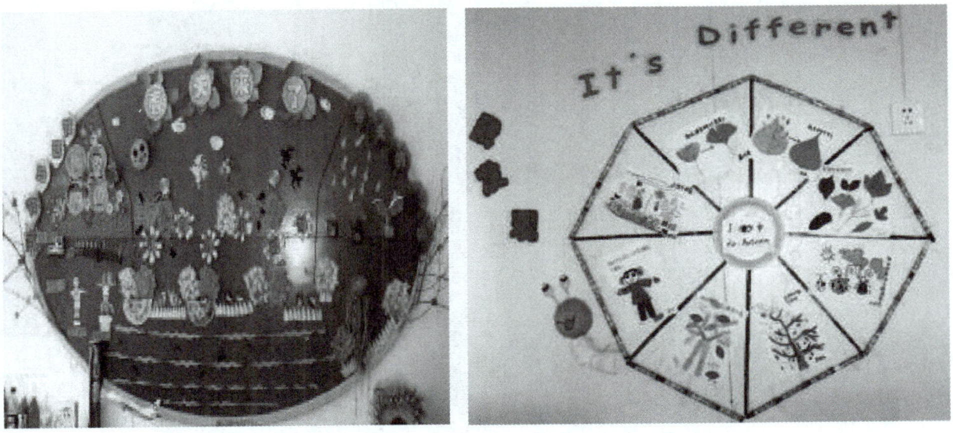

圆形构图

（3）对角线构图

对角线构图是将形象、景物布置在画面的两条对角线上的构图方式。对角线构图给人以优美、丰富、运动的感受。

对角线构图

（4）分割式构图

分割式构图是用垂直线、水平线、曲线、斜线等穿插交错，在此基础上再表现出主要形象的一种构图方法。这种构图形式给人以表现内容丰富的感受，适合于表现多场景、多形式的墙饰创设。

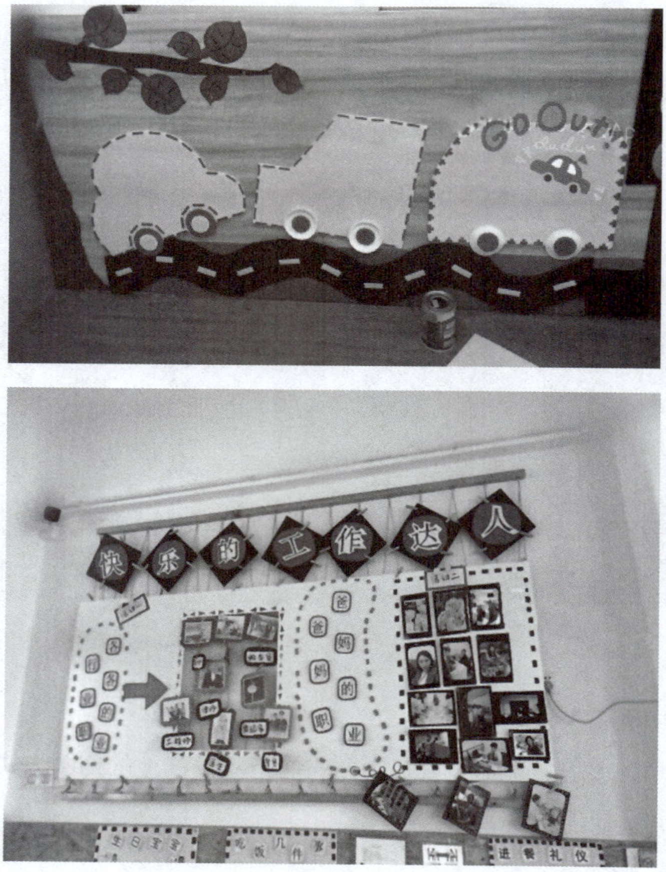

分割式构图

第二节　家园联系栏创设

一、家园联系栏的功能和形式

1. 家园联系栏的功能

家园联系栏是家长进入班级看到的第一个环境，是家长了解教师日常工作、了解幼儿日常生活的主要窗口之一。

家园联系栏不仅是连接幼儿园与家庭的桥梁，还具有指导家长进行家庭教育的功能，它不是单向地由教师来宣传，还需要家长的支持、配合与参与，是一个双向合作、共同完成科学育儿的窗口。

2. 家园联系栏的形式

家园联系栏的形式融教育、知识、保育和娱乐于一体，可以开辟很多子栏目，如“周计划”“健康天使”“育儿宝典”“童稚趣语”等。

家园联系栏 1

家园联系栏 2

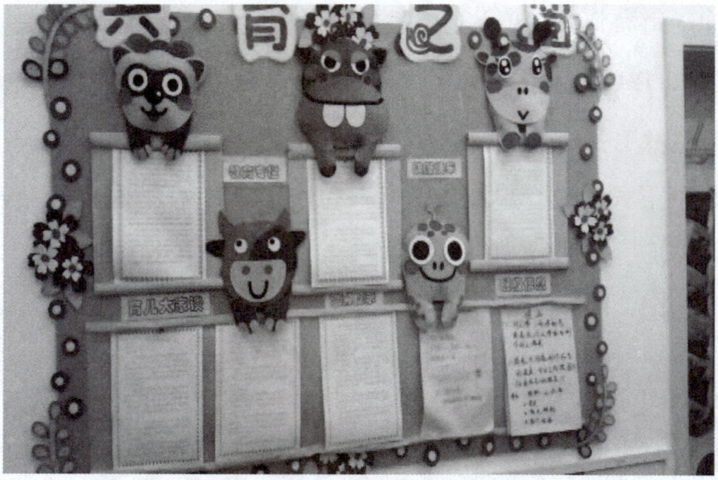

家园联系栏 3

二、家园联系栏的创设原则

1. 家园互动，和谐共建

教师应该从思想上重视家园联系栏的工作，要认识到家园联系栏对于家园共育、幼儿发展的重要意义。家园联系栏是家长工作的一个重要组成部分，教师要多与家长沟通交流，了解家长的心理需求和教育习惯。

创设互动型家园联系栏时，首先，教师要以自身对家园联系栏的重视来引起家长的关注。对于家园联系栏的名字、位置、版面都应该精心构思，取一些富有新意而又温馨的名字，如“爸爸妈妈看过来”“家园直通车”“童言稚语”等，这样可以吸引更多家长的关注。其次，要引领家长学会配合，这也是教师工作的重点。例如，在“亲子乐园”板块里给家长列出一些亲子活动的建议，有时也可以提出具体的要求：春天时，请家长周末带幼儿到野外、公园去感受大自然的美和变化；活动时，请家长和幼儿一起准备简单的场景、道具，开展角色表演等。

“爸爸妈妈看过来”

2. 内容至上，渠道创新

板块的内容是有效创设家园联系栏的重中之重，是幼儿和家长的关注点，教师要选择切合实际、可操作性强的内容。有的幼儿园把家园联系栏设置为两大板块：第一块为固定栏目，通常包含一周计划、育儿知识等需要家长配合和注意的问题以及通知等内容；第二块是自选栏目，由教师根据教育需要自主创设，教师可以根据不同年级幼儿的特征选择相应的内容。

例如，在小班精心设计“宝宝一周成长点评”，把每个幼儿一周来在幼儿园学习、生活中点滴的进步及幼儿下一步的努力方向，详细描述并通过家园联系栏反馈给家长，让家长从中看到教师对其子女的关注，增强彼此间的信任感。

在中、大班的“亲亲咖啡屋”“亲亲一家人”“家园在线”“你我牵手”中，教师则全面地、多层次地将幼儿的世界展现给家长，一个个丰富的主题活动，幼小衔接的相关内容、开拓思维的智力游戏都能极大地发挥家园联系栏的作用。

家园联系栏还可以设置“热点关注”“你说我说”等栏目，结合每日的短信平台、网站论坛、QQ 群、微信平台等网络通信手段，使家园联系栏成为每个班级、每个幼儿展示的天地，成为广大家长展露才艺、建言献策的平台。

“彩虹贴吧”

3. 设计科学，位置醒目

一面内容精彩、设计完美的家园联系栏，就如同班级里一道亮丽的风景线，可以大大提高观看率，吸引家长的关注。因此，家园联系栏的版面设计至关重要，它的设计要符合人的视觉需求、视觉流程。首先，设计要服务于内容。一些版面设计可以选择常用的方法——用文字块、图片构成简明清晰的版面，以尽可能有效地突出内容。其次，在一个版面上巧妙自然地运用精彩照片，可以给内容起到锦上添花的作用。最后，色彩搭配要体现美感。在家园联系栏版面设计中，要注意色彩的合理搭配。一般来说，整个版面的色彩应有一个主色调，使版面的色调基本趋于一致，这样才能在视觉上让人感到舒适大方、简洁流畅。

家园联系栏是要让家长时刻关注的，最好把它设置在最显眼和最方便家长阅读的地方，如教室正门门口、走廊通道口等，这样在家长接送幼儿的空暇，就可以随时关注家园联系栏的动态。

"甜蜜家园"

三、家园联系栏的栏目创设

家园联系栏通常有以下几种栏目。

1. 幼儿园一周计划

幼儿园一周计划是一周教学内容的总体安排和幼儿应达到的目标。一周计划向家长介绍班中本周的教学计划，使家长及时了解，以便积极配合幼儿园教学活动。通常一周计划包括本周教育主题、教学目标、教学活动、区域活动、游戏活动、环境创设、保育工作、家长工作等内容。

家长对于幼儿在园中的学习都是比较感兴趣的。为此，联系栏可以首先把一周的教学计划用图表清晰地展示出来。一方面，家长能对幼儿在园的学习、生活有一个较为全面的了解；并且能和教师配合，让幼儿不仅在幼儿园里学习相关知识，养成良好习惯，回家后，也能坚持好习惯，感受学习内容的渗透。另一方面，引导家长了解活动目标与内容，并一步步地参与到活动中来。

在请家长配合教学时要注意方式方法。教师可以尝试从幼儿的角度出发，以儿童的口吻来传递一些需要家长配合的内容，解除家长被动接受的困扰，发挥家长的主动性。

<table>
<tr><td colspan="7">幼儿园大一班第十七周活动计划表
教师：</td></tr>
<tr><td colspan="2">本周主题
我们快上
小学啦</td><td colspan="5">本周活动目标：
1. 积极回忆在幼儿园的成长过程，体验成长的快乐，感悟在幼儿园三年的时光
2. 感知幼儿园工作人员对自己的关爱，热爱帮助自己快乐成长的人
3. 为幼儿园做力所能及的事情，以表达自己对幼儿园的热爱之情
4. 了解少年先锋队的活动，增强升入小学的愿望</td></tr>
<tr><td colspan="2">星期
内容</td><td>一</td><td>二</td><td>三</td><td>四</td><td>五</td></tr>
<tr><td colspan="2">区域
活动工具</td><td colspan="5">益智类：课间活动内容的图标、盛水的各种器皿
美工区：各种美工材料
阅读区：田字格、四线格等</td></tr>
<tr><td colspan="2">体育活动</td><td>踏车
摸高跳
波浪平衡</td><td>大型器械
太阳伞</td><td>布袋栏杆
长短绳游戏
投篮圆圈游戏</td><td>皮筋儿游戏
自制体育玩具</td><td>肩上投掷
小健身器材
大滚圈陀螺</td></tr>
<tr><td rowspan="2">教学
活动</td><td>一</td><td rowspan="2">围棋活动</td><td>语言活动：
我们要做小学生了</td><td>数学活动：
数积木</td><td>诗歌：
毕业献词</td><td>社会活动：
我的书包</td></tr>
<tr><td>二</td><td>美术活动：
我上学啦</td><td>音乐活动：
小卓玛上学</td><td>体育活动：
用椅子做运动</td><td>美术活动：
我上学啦</td></tr>
<tr><td colspan="2">游戏活动</td><td>手指游戏：
小妞妞</td><td>体育游戏：
打保龄球</td><td>智力游戏：
拼图</td><td>音乐游戏：
拍手歌</td><td>表演游戏：
小母鸡</td></tr>
<tr><td colspan="2">兴趣活动</td><td>棋艺室活动</td><td>主题区域活动</td><td>棋类游戏</td><td>主题区域活动</td><td>棋类游戏</td></tr>
<tr><td colspan="2">环境创设</td><td colspan="5">生活区：整理书包，学习整理书包里的物品，摆放整齐
小舞台：各种道具，商量并排练毕业演出</td></tr>
<tr><td colspan="2">保育工作</td><td colspan="5">1. 注意天气变化，预防感冒
2. 做好各种卫生工作，保证环境的清洁卫生</td></tr>
<tr><td colspan="2">家园联系</td><td colspan="5">1. 请家长不要让幼儿随便缺课，养成良好的学习习惯
2. 请家长帮助幼儿收集一些有关家长工作的资料</td></tr>
</table>

大班一周活动计划

2. 科学育儿栏目

科学育儿栏目主要介绍一些育儿常识和教育幼儿的方法，选择的内容基本是家长困惑的问题。家长的素养因人而异，教师有必要和家长互动，定期在家长中间做调查，了解家长们最关心的热点问题。然后，教师把先进的教育理念以小文章的形式张贴在家园联系栏上，以此来引导家长对幼儿进行正确教育。

教师也要鼓励家长多参与家园联系栏的科学育儿栏目，为家长们提供一个相互交流育儿经验的平台。通过这种互动方式调动家长参与家园联系栏的积极性、主动性，激发家长参与幼儿教育的兴趣，让家长感受到自己的价值。

为了体现幼儿教育特色与人性化色彩，名称可以多样化，如“家长全知道”“家教指南”“父母必读”等。

“森林直通车”——“森林天使”

3. 幼儿在园表现的栏目

幼儿在幼儿园的一日活动涉及学习、生活等各个方面。教师在保教工作的过程中要留心观察每一个幼儿的表现，寻找幼儿身上的闪光点，及时和幼儿进行互动，这样不仅可以鼓励该幼儿，也可以给其他幼儿树立一个榜样。

例如，教师发现班里的明明很爱劳动，每次小朋友做完手工之后，他都会主动帮大家把一些废纸扔到纸篓里。对于明明的这一表现，教师及时提出了表扬。这时候，好多幼儿都争相发言，有的说：“老师，我也很爱劳动，有一次我还帮小朋友把小椅子放好了呢。”有的说：“老师，明明真棒，我也要向他学习。”

当然，教师还可以创设其他小栏目，如“谁是进步之星”“谁是环保小卫士”等。总之，教师要关注每一个幼儿，让每一个幼儿都有机会成为互动的主角。这样的互动内容，教师可以用图文并茂的方式呈现在家园联系栏上，家长一般会

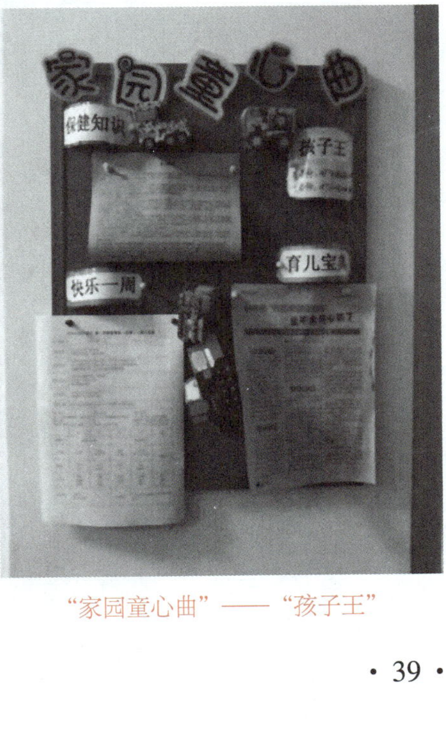

“家园童心曲”——“孩子王”

十分关注这样的小栏目，看看自己的孩子是不是在榜上。

4. 童言稚语栏目

在成长过程中，幼儿总有一些令人觉得可笑又可爱的言语和举动。这些童真言行是幼儿宝贵的财富，也是成人觉得弥足珍贵的地方。幼儿园教师常把它们记录下来，与大家分享或是留作永久的纪念。这些细心的记录会让家长感受到幼儿园教师对幼儿的时刻关注，能让教师和家长之间产生强烈的共鸣，起到良好的互动作用，从而对教师的工作更加信任。例如，丽丽的妈妈在送丽丽到幼儿园时，告诉她：“妈妈要出差几天，晚上由爸爸来接你。”于是这天下午丽丽的情绪就比较低落，总是在说：“妈妈，你什么时候能回来，我想你！”后来，丽丽的老师把这句话贴在了家园联系栏，丽丽的妈妈看到后很感动。

当然，家园联系栏还可以呈现更多家长记录的幼儿在家的一些童言稚语，这样也可以引发家长和幼儿更多的关注。

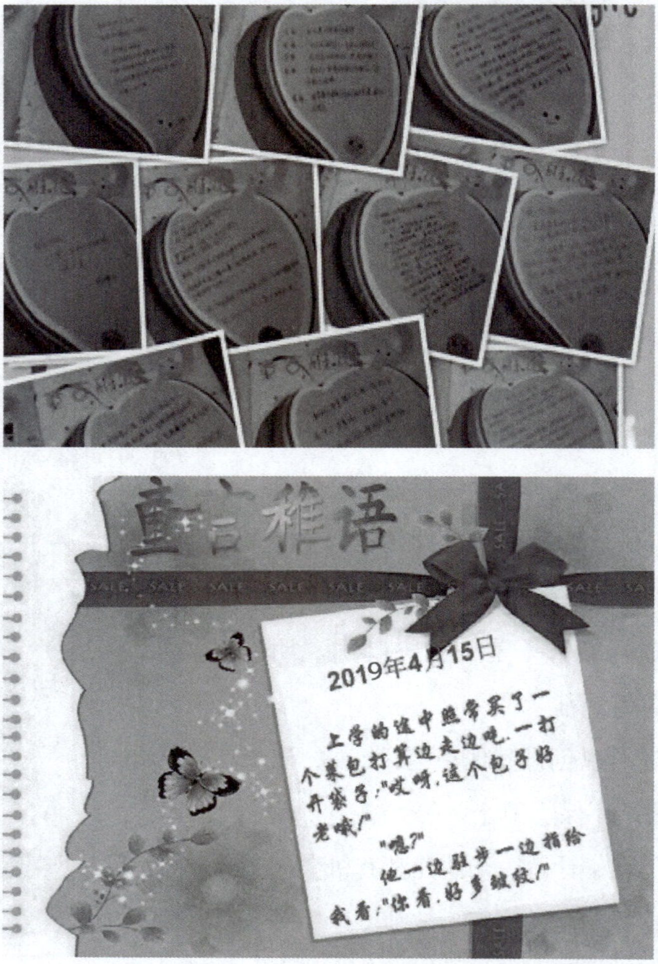

“童言稚语”

第三节 主题墙创设

一、主题墙与主题教育活动

幼儿园主题教育活动是在一定的时段里，班级或年级以一个主题为线索，围绕主题开展交流与互动的教育教学活动。主题教育活动打破了学科之间的界限，从幼儿的兴趣和需要出发，将各种学习内容围绕一个主题有机整合起来，并围绕这个主题开展一系列活动，使幼儿获得与主题相关的比较完整的经验。

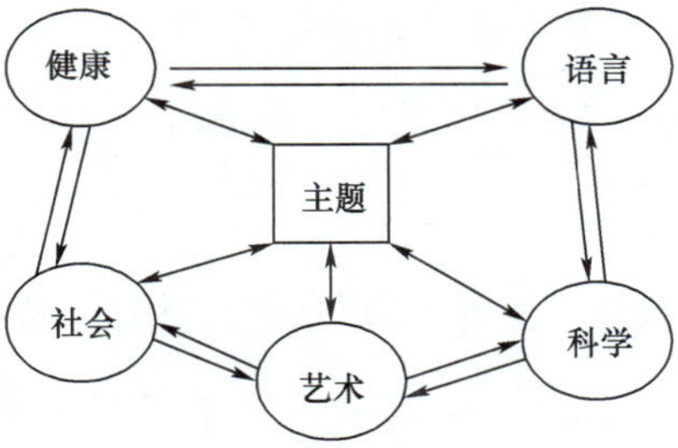

主题教育活动与学科关系

《漂亮的服装》主题教育目标	语言	1. 用清楚、连贯的语言，完整地表达自己对服装探究的发现 2. 欣赏有关服装的图片、儿歌、故事等 3. 大胆与他人交流自己对服装的看法
	社会	1. 感知各式各样服装给生活带来的乐趣 2. 了解民族服装的特点，感知多元文化
	科学	1. 喜欢探索各式各样的服装 2. 了解服装的制作过程，获得量体裁衣的初步经验 3. 了解四季服装的变化，感知服装与气候的关系 4. 了解不同行业的服装特点，感知服装与人们工作的关系
	艺术	1. 感知各种服装的美 2. 运用多种手段表现自己对服装的感知 3. 喜欢参加服装设计、表演，大胆展示自己的风采 4. 欣赏民族服装，初步了解自己民族服装的特点
	健康	1. 合理着装，方便学习、活动 2. 根据天气的变化及时增减衣服，提高自我服务能力 3. 经常换洗衣服，保持衣服的整洁

主题教育活动目标与学科关系

主题教育活动环境创设主要通过主题墙、教育活动和活动区的环境创设来完成。教育活动不属于本课程讨论范畴，活动区的环境创设将在后面章节讲解。

主题墙是指在主题活动背景下，围绕主题内容，以教室墙面为主，采用多种方式呈现的，可供幼儿、教师等互动的教育环境创设。主题墙随着主题教育活动的产生而产生，随着主题教育活动的发展而发展，它展现的应该是幼儿共同关注的问题，是一个主题活动中的关键过程和阶段性成果，以此来帮助幼儿提升关键经验。

二、主题墙的功能

1. 教育功能

主题探究活动已成为幼儿园主要的课程模式之一，在这种课程模式的实施过程中，主题墙的创设尤为重要。因为主题活动与墙面创设是相依相随的，墙面为主题而创设，主题依靠墙面创设而深入。充分发挥墙面的教育价值，让主题活动与墙面创设相互呼应、相互支持，使墙面环境动起来、变起来、活起来，又使幼儿在与墙饰的相互作用中主动学习。

例如，“秋天”主题活动中，教师可以创设主题墙，用小动物摘果子的情景来展现秋天的不同特征和多种作用，幼儿可以将制作的水果卡片或图形放在不同的水果树上，也可以放进小动物手上的水果筐里，墙面上还有小动物围在一起分享水果，品尝用水果制成的不同食物的情景。这些幼儿熟悉易懂的情景，从认知水平上很容易被幼儿接受，幼儿自然地参与其中，教育目标就在幼儿的参与过程中达成。

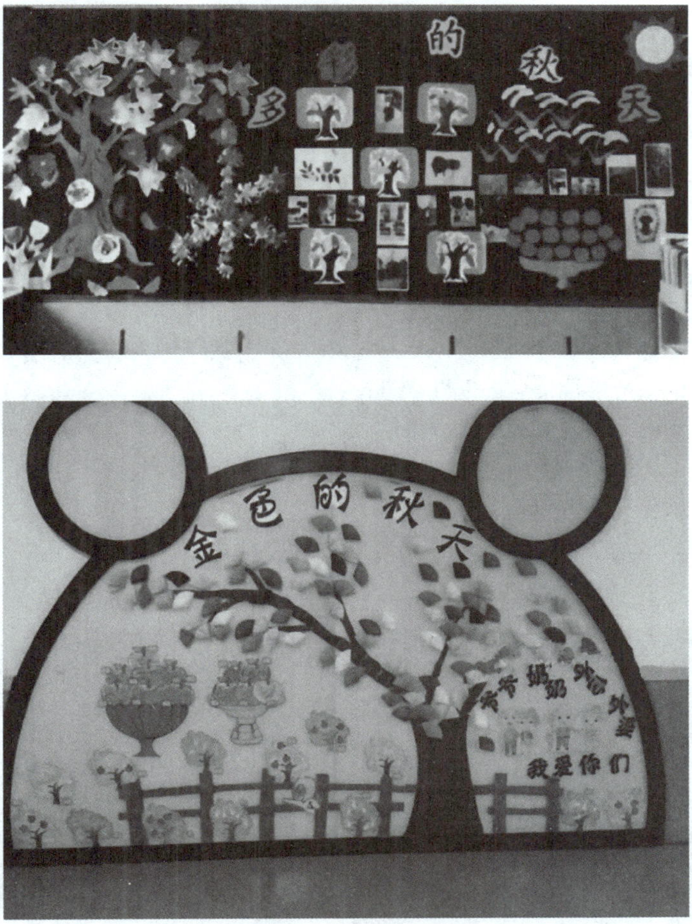

“秋天”主题活动墙饰

2. 对话功能

幼儿园的每一处环境皆育人，每一块墙壁都可以“说话”，主题墙环境成为满足幼儿精神世界的天窗。幼儿是主题环境创设中真正的主人，他们与主题墙融合对话，在主题墙创设中感受快乐，这也正说明了参与墙面的创设引发了他们无限的创造力。

例如，小班新生入园，第一个主题活动“亲亲一家人”，教师在墙壁上设计了好多相框，把幼儿从家里带来的全家福照片张贴在相框里，幼儿看到这些照片就犹如在自己家里一样。对于那些刚入园不愿意来上学的幼儿，教师会指着墙面上的照片说：“看，宝宝多幸福呀，笑得多开心啊！”这就缓解了幼儿入园的焦虑，幼儿在自然、宽松、温馨的环境中争着介绍自己的家人，争着讲述自己家的事情。同时，教师结合该主题，在“亲亲一家人”的主题墙上创设了“我的爸爸妈妈”这一情境，让幼儿在一次性餐盘上画出爸爸妈妈的脸，用毛线等废旧物品装饰头发和做发饰，并让幼儿做了许多心形卡片和纸花，创设“送给爸爸妈妈的礼物”这一情境。当幼儿看到用自己亲手制作的作品来表达对家人的热爱时，别提有多高兴了，他们每天都要去主题墙上看一看、摸一摸，还要带着爸爸妈妈一起看。这样，幼儿在与环境的互动中获得了经验，减轻了分离的焦虑，感受到了集体生活的乐趣。

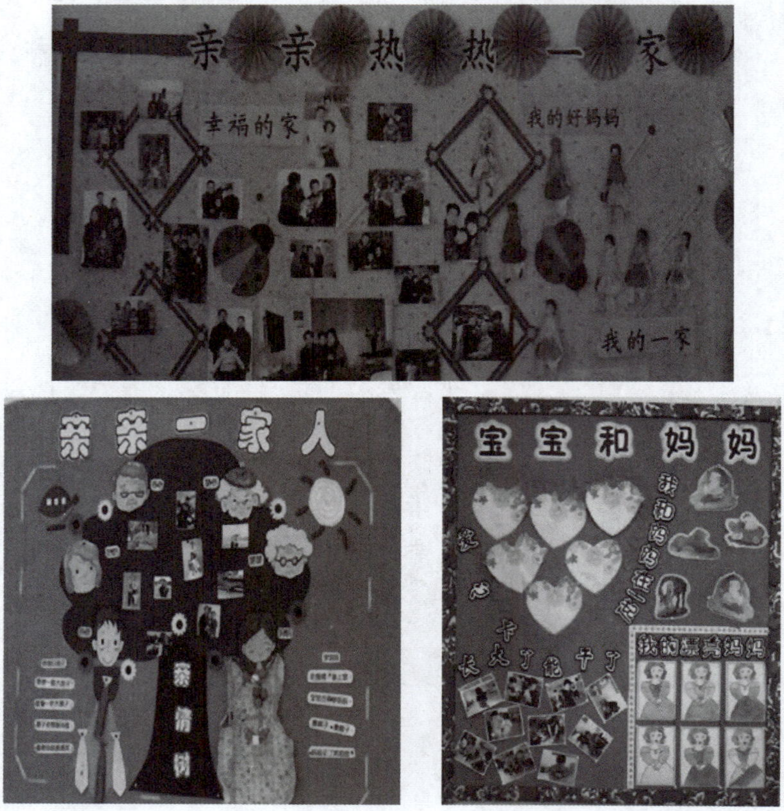

“亲亲一家人”主题墙

3. 记录功能

主题墙围绕主题活动而展开，始终贯穿以幼儿发展为中心的理念，要以幼儿的眼光看世界、看问题。教师要经常根据幼儿的需要对墙面进行创设，使他们在此过程中成为建构自己知识的主角，也就是让主题墙创设成为幼儿学习过程与结果的记录。

例如，围绕“我是小小设计师”的主题，教师给幼儿提供各种材料，包括大量地运用废旧材料，然后搭建一个舞台，让幼儿自己设计衣服，画出来，剪出来，贴出来。每一面墙壁上，每一件作品都是幼儿经验提升的具体体现，每一件作品都是幼儿学习、参与的写照。在舞台表演时，教师还可以为幼儿拍照，事后把所拍照片全部贴在主题墙上，这样有利于与幼儿更好地互动。

“我是小小设计师”主题墙

4. 美化功能

幼儿园的环境包括物质环境和精神环境两个方面。作为物质环境的墙面环境，它和幼儿是朝夕相伴的，能从感官上带给幼儿有关线条、形状、色彩、构图等因素的刺激，从情感上带给他们成就感和愉悦感。主题墙是班级环境的重要组成部分，作为班级的一种“活动”墙面环境，教师要带领幼儿赋予其创意的设计、智慧的装扮。

美化功能并不完全是装饰功能。在美化墙面时，首先，要考虑的是整体与局部的关系。班级的主题墙创设占活动环境的大部分，所以在设计的过程中一定要考虑班级整体环境的效果，使主题环境的创设能够和谐地融入班级的整体环境，如采用何种图案、怎样摆放、尺寸大小等，这些都关系到环境的美观。其次，要考虑用色的和谐统一。在班级环境创设时，颜色是最为重要的因素，合理运用颜色是关系到环境整体效果的关键，要选好主要颜色，且颜色不要太多。最后，要考虑创设立体主题墙。立体的墙面创设给人的视觉感受比平面要更为突出，更容易吸引幼儿的操作兴趣，并能够满足幼儿互动的需求。

三、主题墙创设的一般过程

主题墙创设往往以主题开展为线索，在配合教育目标需要进行主题墙创设时，应明确目标，以目标为依据，做到与教学内容相结合来创设环境。一般来说，创设主题墙时，教师和幼儿应从“主题活动开展前—主题活动开展中—主题活动开展后”三个方面收集资料和相关图片。

1. 主题活动开展前

在新的主题活动开展之前，教师首先要完整地浏览这个主题的所有教学内容，了解它的教育价值，以及初步确定有哪些内容是可以在主题墙上呈现的，有哪些内容可以让幼儿来操作，有哪些内容需要家长的配合帮助。然后告之家长主题的内容和教育意义，以及需要配合的地方，如带幼儿先去参观、寻找，和幼儿一起收集图片、实物等。最后由教师根据主题活动图表（或网络图）创作大背景，落实设计小样，构思板块内容。创设时，既要做到布局合理，又要做到呼应主题；既要体现教育功能与价值，又要兼具形式美，避免松散无主次，主题脉络不清，拥挤无序。

2. 主题活动开展中

在主题活动开展中，主题墙的创设主要是填充、调整与互动，其中互动最为重要。在主题教育过程中，课程的最大价值在于师幼之间共同有深度地探讨一个主题，通过自主探究等多样化的研究性学习活动形式，发挥幼儿的主动性，促进幼儿的主动探索与学习，引导幼儿在愉快的体验中获得成功与发展，从而丰富幼儿自身的学习生活经验，培养幼儿自主探究的意识、习惯与能力。

例如，大班主题活动“快乐的新年”，让幼儿收集有关中国人过新年的资料，使他们更多地了解自己国家的民俗，激发幼儿热爱祖国的情感。实际活动中，幼儿非常乐于参与，纷纷带来了具有我国民族特色的对联、中国结等。教师也生成了相应的具体活动，如剪窗花、贴福字，欣赏我国的民俗，设计中国结，设计唐装等，并将幼儿的作品及收集的资料布置于墙面。这时班级里到处充满了喜庆的气氛，大红的中国结、各种形状的灯笼、韵味十足的唐装、玻璃窗上的中国民间剪纸……每一处都体现出了幼儿对我国的传统佳节——春节即将到来的美好祝福。通过这一主题活动，幼儿体验到了表现美、创造美的乐趣，也感受到了合作的快乐和成功的喜悦。

3. 主题活动开展后

一个主题活动结束，教师要对它进行整理，留下一些有用的材料，有些可以投放到区域活动中，有些可以作为幼儿园日常教学活动的资源。

简言之，主题墙不但是幼儿园一道亮丽的风景，更是全园幼儿互相学习、相互促进、整体互动的平台。各个班级在准备创设主题墙时，提倡以年级组为单位集体研讨，平行班的教师彼此交换意见。有的主题可以各班独立创设主题墙，教师根据自己班级幼儿的实际情况设置板块，有所侧重；有的主题可以班级间相互配合，一个班负责一至两个板块，并且对幼儿的作品交互使用。同一年级组的幼儿可以相互观摩、欣赏、评价，不同年级组的幼儿也可以在教师的带领下，去看看其他年级组的主题墙。从而，通过主题墙使幼儿园成为一个互动的整体，让主题墙发挥更大的作用。

问题线索：“幼儿园里有什么？”

问题线索：“幼儿园都有谁？（同伴关系）”

问题线索："我在幼儿园（一日作息）"

"快乐幼儿园"

"我上幼儿园啦！"主题墙

图片说明：上面四幅图是幼儿园小班"我上幼儿园啦！"主题墙的分解图。

对于刚上幼儿园的小班幼儿来说，这是他们第一次离开亲人，独自来到一个陌生的地方，难免会产生不安、焦虑甚至是害怕的不良情绪。为了帮助他们顺利度过这一阶段，幼儿园与家长携手，共同营造家的温馨感觉，让幼儿园成为他们的乐园。以此来看，"我上幼儿园啦！"主题教育活动是必要的，教师要依据该主题精心构思一期主题墙。

好玩的玩具、宽敞的游戏场所、陌生但和蔼的老师和许多同龄的小伙伴，周围的环境引起幼儿极大的兴趣和好奇。主题网络围绕三个问题线索：幼儿园里有什么、幼儿园里都有谁（同伴关系）和我在幼儿园（一日作息）。让幼儿用眼睛、耳朵、手、口，尤其是用心去接触和感受幼儿园里的人、事、物与气氛，通过探索渐渐熟悉集体生活，减少不安全感，也逐渐学习遵守集体中的规则，逐步引导幼儿愿意与人交流，建立同伴友谊，顺利地跨出社会生活的第一步。

主题活动中，教师与幼儿们循序渐进地开展各主题，由易到难，层层深入，同时注重幼儿的主体性作用。幼儿的作品是主题墙面成果展示的重点，引导幼儿参与设计，促进了幼儿各方面技能的发展。随着活动层层递进，邀请家长参与亲子活动，使家长参与和支持主题墙的创设，体现家园互动。要做到"形散而神不散"，主题墙的创设和主题教育活动的开展，要始终贯穿《3～6 岁儿童学习与发展指南》（以下简称《指南》）中的五大领域知识的整合。

最后，主题活动和主题墙创设上升到了精神层面。通过以幼儿为主体的活动的展开、同伴间的互动合作、师幼间的互动、家长的参与，共同营造出像家一样温馨、受幼儿喜爱的乐园。

四、幼儿园主题墙创设评价

一期主题墙创设的好与坏，直接反映主题活动开展的效果，也是幼儿教师教学能力的真实体现。那么，如何评价一期主题墙的创设效果呢？创设每一期主题墙，都可以通过表 2–1 中的五个项目进行评价，根据项目开展的充分程度评分（见表 2–1）。

表 2–1　幼儿园主题墙创设评价表

项目	评价内容	得分	备注
教育理念（20 分）	体现各学科整合，凸显主题背景及以幼儿发展为本的理念；融审美价值、教育价值为一体，创设内容能丰富幼儿认知		
创设主题（20 分）	充分体现主题创设的目标及思想，互动明显，凸显幼儿的主体地位；真实、生动地再现师幼之间的对话		
内容设计（20 分）	以主题开展为线索，围绕主题进行创设，知识板块清晰；根据幼儿创设的内容随时调整，让幼儿在主题墙创设过程中成为主角		
表现形式（20 分）	主题墙符合幼儿的认知发展特点和年龄特征，富于童真童趣；平面创设与立体创设有机结合		
整体感受（20 分）	主题墙整体布局合理、科学；能根据各种材料（废旧物品）的质地及特点巧妙进行利用，特色明显；色彩协调、统一		

思考 · 练习

1. 举例说明幼儿园墙饰的分类。

2. 制作一期家园联系栏。

3. 制作一期主题墙，并用文字阐述创设思路与创设过程。

第三章
幼儿园班级活动环境创设

学习目标

- 明确班级活动环境的构成与功能，能够规划与设计活动区
- 掌握常见活动区和生活区的环境创设方法

第一节　班级活动环境创设概述

一、班级活动环境的构成

班级活动环境主要包括活动区和生活区两类，通常是由活动室、寝室、盥洗室、卫生间和衣帽储藏间等构成的整个班级活动单元。培养幼儿良好的生活卫生习惯也是幼儿园教育的目标之一，所以，班级活动环境不只是教育、游戏活动区域，还应包括饮水、盥洗、如厕、睡眠等幼儿生活的空间。另外，多数幼儿园没有独立设置幼儿餐厅和寝室，幼儿大多在活动室用餐与睡眠，此时活动室也就转换成了生活空间。

另外，班级活动室内的桌椅、玩教具柜、图书陈列架、水杯架和衣帽柜等设施，以及室内的墙面、地面和屋顶墙面也应是幼儿园班级活动环境的构成部分。

幼儿们在活动室里用餐

二、班级活动环境的功能与作用

幼儿园的班级活动环境是幼儿生活的具体环境，是幼儿在家庭之外最先接触的生活环境，也是幼儿学习和游戏的主要活动场所。它是一个相对独立的，集学习、游戏和日常生活为一体的小型多功能活动空间。健康、语言、社会、科学、艺术等领域的学习，桌面和小型游戏、区角活动、用餐和午休等都在这里进行。

幼儿园的班级也是幼儿教师从事教学的主要工作场所。可见，班级活动环境的创设在整个幼儿园环境创设中的地位至关重要。

三、班级活动区的规划原则

班级活动区是对班级活动环境中活动室的划分，是班级活动环境中创设的重点。

1. 班级活动区的数量与内容

幼儿园班级活动区的数量以班内幼儿数为基础。幼儿活动团体大小不同，需设置不同大小的空间，以供大团体和小团体以及动态和静态活动之用。规划时，应确定空间的大小、形状和位置，使全班能集合，半个班级能聚集活动，小团体能做动态的游戏，4 ~ 6 名幼儿能安静地游戏，以及 1 ~ 2 名幼儿能独处。《幼儿园工作规程》（以下简称《规程》）规定，“幼儿园每班幼儿人数一般为：小班（3 ~ 4 周岁）25 人，中班（4 ~ 5 周岁）30 人，大班（5 ~ 6 周岁）35 人，混合班 30 人；寄宿制幼儿园每班幼儿人数酌减。”活动区数量的确定应考虑幼儿的年龄。一般而言，幼儿年龄越大、班级人数越多，小团体区的数量应随之增加。另外，大多数活动室都会建立几个固定的常规活动区，如益智区、美工区、阅读区、建构区、表演区等，同时再搭配一些临时的活动区。活动区的数量与班内幼儿数和年龄的关系见表 3-1。

表 3-1　　活动区的数量与班内幼儿数和年龄的关系

活动区类型	幼儿年龄	班内幼儿数			
		约 9 人	10 ~ 14 人	15 ~ 24 人	25 ~ 29 人
私密区	3 ~ 4 周岁	1 个	1 个	1 个	2 个
	5 ~ 6 周岁	1 个	1 个	1 个	1 个
小团体区	3 ~ 4 周岁	1 个	3 个	4 个	5 个
	5 ~ 6 周岁	2 个	2 个	4 个	6 个
大团体区	3 ~ 4 周岁	1 个	1 个	1 个	1 个
	5 ~ 6 周岁	1 个	1 个	1 个	1 个

《规程》指出，“幼儿园教育应提供给幼儿在身体、语言、认知、社会和品德及美感发展方面的经验。”关于这五个方面，幼儿园的保育和教育目标都有明确的规定。保育和教育的主要目标就是幼儿园班级活动室的活动区内容确定的依据（见表 3-2）。

表 3-2　　幼儿园教育培养目标与活动区设置

<table>
<tr><th>目标</th><th>幼儿园保育和教育的主要目标</th><th>活动内容</th><th>活动区</th></tr>
<tr><td>身体发展</td><td>促进幼儿身体正常发育和机能的协调发展，增强体质，促进心理健康，培养良好的生活习惯、卫生习惯和参加体育活动的兴趣</td><td>幼儿有机会借助于如拼图、粘贴等手工活动、建筑和玩沙玩水活动等发展小肌肉群和大肌肉群技巧</td><td>建构区
美工区
玩沙玩水区</td></tr>
<tr><td>语言发展</td><td rowspan="2">发展幼儿智力，培养正确运用感官和运用语言交往的基本能力，增进对环境的认识，培养有益的兴趣和求知欲望，培养初步的动手探究能力</td><td>为幼儿提供与同伴、成人交流的机会（包括倾听、交谈等），聆听和阅读故事、诗歌的机会</td><td>角色扮演区
表演区
阅读区</td></tr>
<tr><td>认知发展</td><td>为幼儿提供了解周围世界的有关知识，包括数、常识、健康知识的机会</td><td>益智区
科学区
建构区</td></tr>
</table>

续表

目标	幼儿园保育和教育的主要目标	活动内容	活动区
社会和品德发展	萌发幼儿爱祖国、爱家乡、爱集体、爱劳动、爱科学的情感，培养诚实、自信、友爱、勇敢、勤学、好问、爱护公物、克服困难、讲礼貌、守纪律等良好的品德行为和习惯，以及活泼开朗的性格	提供机会让幼儿认识社会，培养社会交往技巧，养成良好文明习惯	角色扮演区 表演区 建构区
美感发展	培养幼儿初步感受美和表现美的情趣和能力	提供机会让幼儿体验、欣赏并表达美的各种形式，如绘画、音乐、舞蹈等	美工区 音乐区 表演区

2. 班级活动区的规划与布局

活动室的空间规划要处理好室内空间设计与色彩配置、家具配置与陈设、各活动区域位置规划等各种尺度关系，综合考虑教育、活动、生活、安全、卫生以及活动转换的便利等细节与环节。活动室空间规划的最终目标是，创设一个既符合幼儿生理、心理发展规律，又集实用性、趣味性、教育性、互动性、舒适性、安全性为一体的综合性活动空间。

活动区是活动室环境的重要组成部分。根据幼儿园个别化、小组化的学习方式要求，充分尊重幼儿的个性差异，活动区活动是由教师提供适合的活动场地和操作材料，幼儿自由选择活动内容和区域，通过操作、发现、讨论等方式习得知识经验、发展能力的一种教育形式。

美国学者从动态和静态、干性和湿性两个维度，将活动区划分为四大类：静态且用水的活动区，如绘画区、手工区、生活区；动态且用水的活动区，如沙水区、种植区、烹饪区；静态不用水的活动区，如阅读区、益智区、数学区；动态不用水的活动区，如音乐区、表演区、建构区。有实践者根据这一描述，编制出“十字定位法”。

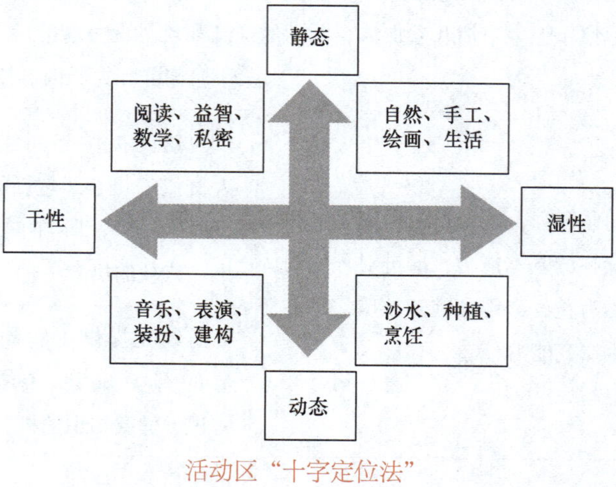

活动区“十字定位法”

案例：中班活动室区域环境规划

活动区内容：根据中班幼儿的特点，将活动室分为角色区、建构区、美工区、益智区和阅读区五个区域，为了加强游戏的合作性，增加角色间交往，在角色区安排娃娃家、超市和美发店三个主题。

根据活动室的空间、设施与设备的条件，按照活动区规划的要点：合理布局、区域之间界线明确和区域布置半封闭等，活动区规划设计见“中班活动室区域规划设计图”。

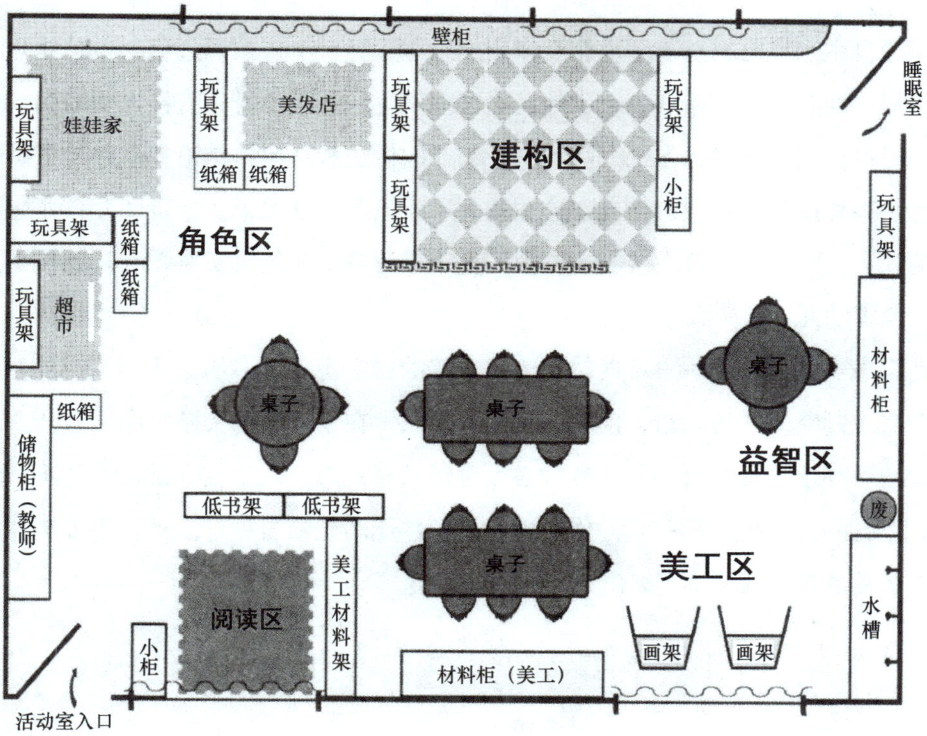

中班活动室区域环境规划设计图

四、班级活动区材料选择与投放要点

《纲要》指出：“幼儿园的空间、设施、活动材料和常规要求等应有利于引发、支持幼儿的游戏和各种探索活动，有利于引发、支持幼儿与周围环境之间积极的相互作用。”幼儿的探索活动往往由问题引起，而这些问题常常与环境和操作材料密切相关。要使幼儿在与环境的相互作用中主动学习和发展，根据幼儿的兴趣、需要和现有发展水平以及教育目标来设置环境和投放材料是基本前提，但要真正实现，还必须有教师的启发、鼓励和引导，为此教师应做到以下几点。

1. 发挥幼儿主体作用

（1）要给幼儿自主选择和使用材料的权力

幼儿是否有自主选择和使用材料的权力，在很大程度上影响着他们参与活动区设置和墙饰创设的积极性，影响着幼儿与材料之间的相互作用。因此，教师在活动区材料选择与投放时，应尽可能地让幼儿自己选择材料，并把材料放置在方便幼儿取放的地方，让幼儿自己决定利用什么材料，以最大限度地调动幼儿的积极性，方便幼儿不断地与材料互动。

（2）要培养幼儿实事求是的科学态度

幼儿自主选择材料、与环境相互作用的过程，是一个探索的过程，也是幼儿不断尝试的过程。幼儿的年龄特点决定了他们对客观事物的认识会受到直接经验的影响。在与环境、材料相互作用的学习探究活动中，幼儿的做法和得出的结论并非都是正确的，难免会有一些片面甚至错误的地方，这时教师不应简单化地批评、指责幼儿，而应给幼儿出错的权力，找出错误背后的真正原因，设法弄清楚幼儿的真实意图和认识水平，避免误解或伤害幼儿。

在教学实践中，要注重培养幼儿尊重事实的科学态度，多给幼儿尝试的机会，教师不要轻易地判断幼儿的对错，使幼儿感到真理只存在于教师的头脑之中，这会造成幼儿对教师的一种依赖和迎合心理。教师必须更新教育观念，从“教师讲，幼儿听”转变为“幼儿主动探究，自己找答案”，创造机会和条件让幼儿参与教育活动，逐步培养幼儿形成尊重客观事实，依据事实得出结论的科学态度。

2. 投放与教育目标和内容相适宜的材料

（1）“一物多用”与“多物一用”

操作材料的选择要多渠道、多样化。一方面培养幼儿创造性地选择材料，即达到“一物多用”的目的；另一方面提倡发挥材料的组合功能，即达到“多物一用”的目的。

引导幼儿收集身边资源，如收集无毒无害的废旧材料，从而学会珍惜和利用资源。这样的教育能让幼儿学会创造，学会通过自己的创造让废旧的或仅有的材料发挥更大的价值，让幼儿感受到创造的意义和价值，从而乐于创造、乐于探索。同时，教师应放开让幼儿操作材料，支持与提高幼儿求异表现的能力。

易拉罐做成的玩具

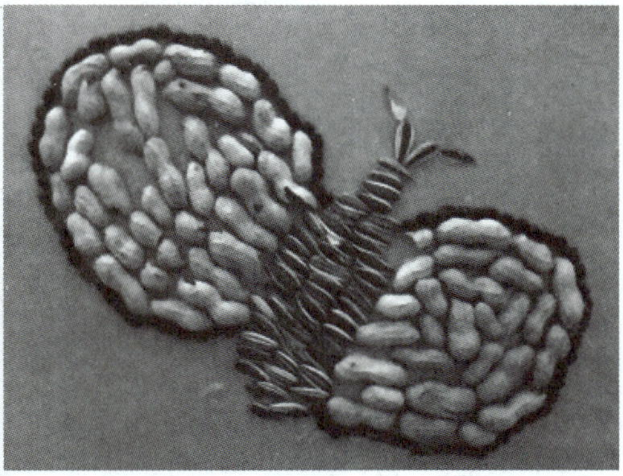
用花生、瓜子拼成的蝴蝶

教师应避免提供成品类、定型类，以及变化单一的材料，要引导、支持幼儿进行多种材料的组合，激发幼儿探索的兴趣。可供幼儿进行多种组合的材料除了现在玩具市场上较多的建构材料外，需要教师和幼儿共同去发现更多新材料，如毛线、麻绳、纸、布、树叶等。同时，多挖掘和利用当地的物质资源，除了单独使用外，更可以与其他材料进行各种组合。

“丰收的喜悦”

“温馨的港湾”

（2）教育性与发展性

由于幼儿发展水平不尽相同，选择材料要有一定的结构性，以满足不同幼儿的需要。教师对投放的材料要精心地选择、设计和安排，使其暗含与教育目标和内容相适宜的事物特征和相互关系，而这些事物的特征和相互关系又是由低到高渐进性展开的。这样，幼儿在与符合自己认知特点和需要的、有结构的环境和材料的相互作用中，才能主动、不断地向前发展。

“春节福来‘倒’”

“‘坛坛’故事会”

3. 支持、启发和引导幼儿与环境材料相互作用

收集材料和创设环境的过程就是幼儿的学习过程。在这个过程中，教师应充分调动幼儿的积极性，支持、启发和引导幼儿与环境相互作用。无论是师幼共同准备和创设的环境材料，还是教师根据教育目标和内容提供的环境材料，都应积极支持和鼓励幼儿进行探究和操作活动。在指导幼儿进行探究和操作活动时，教师要改变以往检查者的角色，把精力转移到幼儿的探究和操作活动中去，关注幼儿的兴趣和需求，正确判断他们的发展水平，引导幼儿向更高水平发展。

第二节　班级常设活动区创设

幼儿的学习与发展是在与环境和材料交互作用中以及与人的交往中进行的。由于每个幼儿的兴趣、发展速度、学习方式各有不同，教师应做到支持每个幼儿的发展，让每个幼儿都可以在一定的环境和材料中找到、感受到、享受到归属感，这也是幼儿园进行区域环境创设的出发点。

对于幼儿教师来说，每学期开学伊始的首要工作是，根据新学期的教育教学目标和幼儿发展水平，规划设计好本班级各个活动区，保证区域活动正常开展。一般情况下，每个班级都会设置几个常规活动区，教师再针对本班的实际情况增设其他活动区。幼儿园班级常设活动区一般有如下几种。

一、益智区

1. 益智区特点

（1）挑战性

由于益智区的内容往往与动脑、动手解决问题有关，在能力与思维发展上对于幼儿有一定的挑战性，所以，小班应以动手操作为主，如穿线板、系扣子等；中、大班则在培养幼儿积极观察、记忆、思考，提高初步的推理和判断能力方面增加难度。

（2）性别差异性

表现为小班的女孩儿比男孩儿更喜欢玩动手操作类的益智游戏，到了中、大班，男孩儿则更喜欢玩具有挑战性和竞赛性的游戏，如棋类益智游戏。

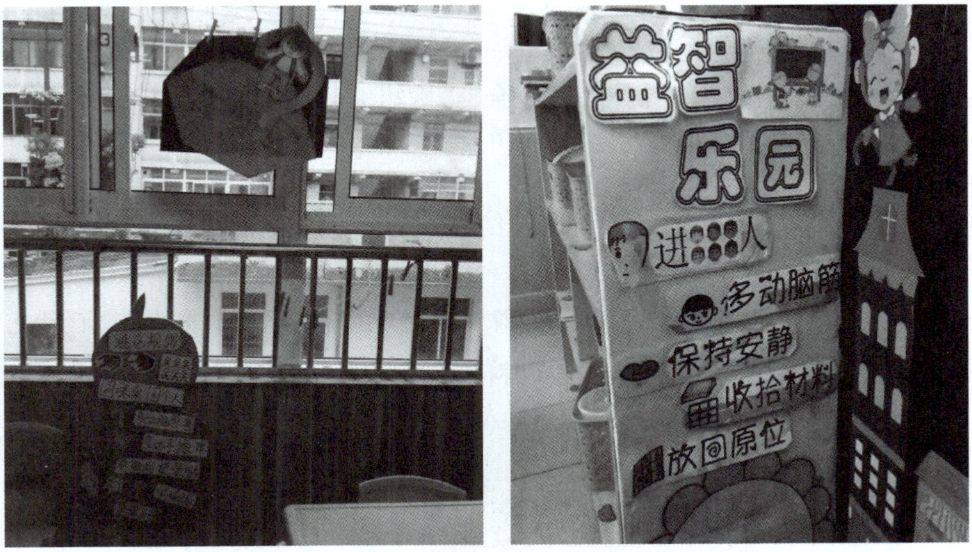

益智区进区规则

（3）竞赛性

益智区的一些游戏内容经常需要幼儿两两结对进行，而且往往要分出胜负。

（4）转换性

益智区可同科学区（数学学科）进行转换。

2. 学习目标

（1）在游戏中，获得感官的满足并建立信心，分享突破问题的喜悦。

（2）在操作中，促进幼儿肌肉发展与手眼协调能力。

（3）在探索中，发展主动思考和解决问题的能力。

3. 区域布局

（1）益智区的位置

应选择光源充足的安静角落，可与阅读区、美工区相邻，避免与较嘈杂的建构区、表演区相邻。

（2）益智区的区隔

如果空间充足，可利用柜橱、隔板或桌子做隔断，将益智区再分为拼图区、棋类区、扑克牌区、玩具区等，让幼儿自行选择。

（3）益智区的桌椅

设置桌子两张，桌面宜宽，利于游戏操作。两张桌子可合并在一起。设置桌子后，益智区内可容纳 2 ~ 6 人。

（4）益智区的作品展示

设置低柜或展示板，用它们与墙面组合，让幼儿自行展示作品，并与其他幼儿彼此欣赏作品及分享经验。

4. 主题环境创设

（1）改变陈设，吸引幼儿

教师要不断地改变益智区的陈设，如撤出桌椅，换成地毯或塑料地垫，让幼儿席地操作，使他们获得新乐趣；转换玩具与材料的陈列位置，让幼儿从室内不同角度都能看到，以吸引幼儿。

（2）更新材料，突出发展性

根据幼儿的能力，提高或降低玩具的难度，不断激发幼儿的挑战欲望。

益智区布置：“我们一起来拼图”

5. 材料准备与管理（见表 3–3）

表 3–3　益智区的材料准备与管理方法

材料名称	具体材料	管理方法
数学活动类材料	计算器、排序板、分类盒、计数卡、点数物品、尺子、笔等	该区材料种类繁杂，零部件特别多，难辨别且容易遗失，所以要及时加以管理。每次使用后，教师应引导幼儿仔细收存，帮助幼儿养成良好的维护和保存习惯
造型构图类材料	七巧板、几何拼图类、皮筋儿构图类	
规则游戏类材料	拼图、扑克牌、棋类、迷宫类、镶嵌类、拼拆类等	

益智区一角

二、美工区

1. 美工区特点

（1）创造性

在美工区，幼儿可以按照自己的意愿和兴趣操作各种材料，用绘画和手工这些外在的符号形式来表达自己的体验和情感，施展自己的才能，并享受创造活动的快乐，获得精神上的满足。

美工区进区规则

（2）多元性

由于美术创意区的材料、内容和形式的多样性，在美术区里，无论是材料、内容还是表现形式都呈现出多元化、综合性的特点。美工区活动是幼儿园美工教学的重要补充。

（3）转换性

美工区经常与阅读区、表演区进行转换。

2. 学习目标

（1）培养幼儿的创造性。

（2）让幼儿尝试多种美术表现方式和多样化的造型材料，丰富他们的世界。

（3）培养幼儿审美情趣和感知审美情感等基本能力。

（4）让幼儿懂得尊重劳动成果，在创作中获得成就感，建立自信心。

3. 区域布局

（1）美工区的位置

美工区应设置在光线充足、靠近水源的地方。光线充足有利于幼儿观察、创作，并保护其视力；靠近水源则是出于便于幼儿洗手及清洗画笔，方便清洁桌面和地板的考虑。

美工区活动比较安静，布局时可以与阅读区、益智区等在一起。

（2）美工区的区隔

可根据本班幼儿对美工活动的兴趣及活动材料等情况，再分设玩色区、绘画区、手工制作区等。

（3）美工区的地面

用容易清洁的瓷砖或塑胶铺设地面，也可以在地面上覆盖塑料布或报纸等。

（4）美工区的作品展示

可以利用墙壁、低柜或展板引导幼儿自行呈现作品，彼此欣赏和分享经验。幼儿随时可以抬头欣赏自己的作品，还能带给他们满足感和自豪感。

4. 主题环境创设

（1）美工区环境创设，要突出艺术性，做到色彩鲜明、简洁美观、富有吸引力，并符合幼儿的审美情趣。

（2）美工区悬挂的各类美术作品、插画应定期更换，让幼儿欣赏更多的艺术作品，领略不同艺术作品的风格。

（3）在创设环境时，教师要鼓励幼儿多用自己的作品美化环境。

美工区布置：石头画《三个和尚》

5. 材料准备与管理

（1）玩色类

玩色类材料主要是水粉、水彩、颜料等。

（2）绘画类

大的图画纸、彩色纸、旧报纸、皱纹纸、包装纸等和画有各种图案的纸样等纸张；易抓握的油画笔、粗芯的水彩笔（红、黄、蓝、绿、黑等 4 ~ 6 种常见颜色）、蜡笔、海绵棒笔、彩色铅笔等。

美工区一角

（3）手工类

手工常见的形式有剪纸、泥塑、拼贴、折纸、编织等，对应的材料有剪刀及美工刀、小竹刀等裁剪工具，黏合剂、乳胶、透明胶水等粘贴工具，以及各种手工原材料，如盒子、瓶子、纸杯、纸盘、印油、橡皮泥等。

美工区的各类材料对幼儿来说应该是开放的，这就需要教师将材料合理地整理归类，便于幼儿自由取放、随手可得。各类美工材料均应贴上不同的标签或用图片标识，分门别类地存放，让幼儿一目了然。

三、阅读区

1. 阅读区特点

（1）半封闭性

阅读区一般来说是一个相对封闭的区域，比较安静。

（2）分享性

往往通过讲故事或角色表演等形式让幼儿分享阅读的乐趣。

（3）转换性

与表演区具备一定的转换性，如在讲故事的过程中，幼儿往往通过道具等进行角色表演。

2. 学习目标

（1）培养幼儿对生活中的简单标志和文学符号的兴趣。

（2）引发幼儿对书籍、阅读和书写的兴趣，培养前阅读和前书写技能。

（3）培养幼儿倾听与表达的能力。

3. 区域布局

（1）阅读区的位置

阅读区应设置在光线充足的安静角落。如果条件有限，可以将图书摆放在幼儿感兴趣的其他区域（如表演区）。阅读区要求安静，布局时可以与美工区、益智区等相邻。

（2）阅读区的区隔

用书架将阅读区隔开，书架的一面摆放图书，墙面上张贴新书介绍，幼儿可以在这里安静地阅读。书架的另一面摆放幼儿讲述和表演所需的材料，幼儿可以在这里观看或组织表演，也可以绘制自己的图书，形成一个多功能的阅读区。

（3）阅读区的地面

可以在地板上铺地毯和放置靠垫，让幼儿坐在地毯上靠着靠垫阅读，他们会感觉非常放松和舒适。

（4）阅读区的图书

图书的来源可以是幼儿园提供的，也可以是幼儿自制的或幼儿自己带来的等。

4. 主题环境创设

《纲要》明确要求，“创造一个自由宽松的语言交往环境，支持、鼓励、吸引幼儿与教师、同伴或其他人交谈，体验语言交流的乐趣。语言能力是在运用的过程中发展起来的，发展幼儿语言的关键是创设一个能使他们想说、敢说、喜欢说、有机会说并能得到积极应答的环境。”良好的阅读环境，不仅能维护幼儿愉快的阅读心态，还能激发幼儿的阅读兴趣，巩固阅读效果，使幼儿在丰富的阅读环境中，充分感受书面语言，潜移默化地接受有关的语言知识，主动去探索、发现，以获得成功的喜悦。

在创设阅读区环境时，可以设置一些场景增加阅读区的趣味性，增加一些新的道具，如圆顶帐篷、小房子道具等，创造一个“私密的阅读空间”。

“私密的阅读空间”

5. 材料准备与管理

（1）图画书籍

图画书籍包括单幅画面的图书、单幅多页儿童故事书、识物类图书、简单的汉字与物体对应的图书、交通工具类小图书、动植物类小图书、查功能键标志类小图书、迷宫图书、描画本、看图识字书、卡通类图书、常识类图书、益智类图书、故事类图书等。

（2）图文卡片

图文卡片包括生活常见的标志卡片，幼儿生活照片，排序讲述图片，游戏操作卡片，形容词、量词卡片，字卡，拼音卡等。

（3）书写工具

阅读区还应适量配备书写工具，如便条纸、笔记簿、贴纸、蜡笔、铅笔等。

阅读区的书架使用开式架，各种书写工具应分类收纳在小盒子、小箱子或小桶中，并贴上标签或图示，以便幼儿取放。

阅读区一角

四、建构区

1. 建构区特点

（1）互动性

在建构区操作时，幼儿常与同伴进行协商、合作与分享。

（2）创造性

幼儿可以创造出各种各样的实物模型，如汽车、楼房等。

（3）性别差异性

男孩儿一般都很喜欢玩建构游戏，而女孩儿喜欢的程度会相对低一些。

（4）延展性

每次活动后，幼儿喜欢将自己的作品隐藏或保留，在下次活动时还继续完成上次的作品。

建构区进区规则

2. 学习目标

（1）学会基本的建构技能（架空、组合、

对称、按规律排序等），锻炼幼儿手臂肌肉，发展手眼配合的能力。

（2）培养幼儿创造性思维和创造性操作能力。

（3）制作有目的、有主题的建构，养成细心、耐心、坚持、克服困难等优良的个性品质。

（4）鼓励幼儿说出想法、展示成果，培养合作精神，增强自信心。

3. 区域布局

（1）建构区的位置

在建构区进行的活动噪声相对较大，容易干扰其他区域活动。为避免此类问题的发生，教师应本着动静分隔的原则，将该区域与阅读区、益智区等较安静的区域分隔开来，而与表演区等比较嘈杂的区域相邻。

（2）建构区的区隔

在规划活动室空间时要为建构区安排较大的活动空间，以保证幼儿有充足的空间进行创造。教师可以用低柜、大积木、纸板、纸盒、塑料箱来做隔断，使建构区呈半封闭状态。

（3）建构区的入口

建构区最好只设一个入口，且不宜设置在通道上。这样，幼儿可以专心致志地进行建构活动，而不必担心自己的作品被来回通行的同伴碰到，同时在该区活动的幼儿也不会因为受到其他活动的干扰而分心。

（4）建构区的地面

地面可以铺设地毯和地垫，这样，幼儿就可以随意坐在地上进行游戏。地毯还能吸收噪声，减少幼儿在该区活动时发出的声响对其他幼儿造成的干扰。

（5）建构区内不放置桌椅

不放置桌椅不仅可以使空间更宽敞，幼儿活动起来更舒适，还可以避免幼儿将积木搭到桌椅下面去。

建构区标识

4. 主题环境创设

（1）给幼儿构建一个比较舒适，相对独立、宽敞的环境，幼儿可以在那里根据自己的喜好自由地选择，运用大胆的想象、创新的精神，随意地进行各种造型操作活动。

（2）建构区提供的各种材料，不仅种类要丰富，而且这些材料的实际大小和数量都要能够保证幼儿在建构时的需求。

（3）建构区的墙面可以粘贴来自生活中不同环境里的建筑和事物的图片，以丰富幼儿的经验，便于他们学习和创造。

（4）营造合作共享的氛围，幼儿自由选择合作伙伴，按自己的意愿合作建构，在探索插接、镶嵌、黏合等多种形式后，与老师、同伴一起欣赏自己的作品，一起讨论构建物的形状与结构。

（5）建构区可以针对不同年龄和生理特点的幼儿进行不同的设置。例如，小班幼儿具有善于模仿的心理特点和小肌肉群不够发达的生理特点，可以为他们提供体积大、便于取放、类别相同的建构材料；大班幼儿动手能力强、思维敏捷，可以提供多样性和精密性的建构材料来满足他们自主发展的需求。

5. 材料准备与管理

（1）积木

1）单位积木。由各种方块、圆柱等形状组成的积木，整套积木为一个基本单位，积木的尺寸是 3.6 cm × 7 cm × 14 cm。

2）普通积木。表面为彩色或素色，体积有小型、中型和大型，大型的多为空心木结构。

3）主题建构积木。主题建构积木有两种形式：一种是表面印有主题纹样，反映主题内容的积木；另一种是做成主题所需要的各种形状，用以构成主题的积木。

（2）辅助材料

木板，大小不等的箱子，易拉罐，绳线，塑料管，小车模型，建筑模型，建筑图片，测量工具，插塑玩具，张贴画，自制纸盒积木，花、草、人物和动物的立体摆件，小木桥，幼儿积木作品照片等。

建构区材料选择一般要根据幼儿的年龄特点和班级的实际情况，材料放置有序，发现材料破损时，应及时更换。

建构区一角

五、表演区

1. 表演区特点

（1）娱乐性

幼儿的表演往往是一种自主性活动，比较随意，具有自娱自乐的特点。幼儿在表演区主要欣赏音乐、进行角色或音乐舞蹈表演。

（2）互动性

幼儿常常结伴合作表演，同伴间表现出较强的互动性，尤其是中、大班幼儿，他们可以分工合作制作表演服装、道具等，进行化妆表演。

（3）性别差异性和相对固定性

绝大多数女孩儿都比较喜欢玩表演区的游戏，而男孩儿喜欢的较少。喜欢到此活动区游戏的幼儿相对固定，表现为每次入区总是固定的幼儿，而其他幼儿基本从来不到或极少到表演区活动。

2. 学习目标

（1）幼儿愿意使用多种表演道具，并自觉爱护好每一种游戏材料。

（2）幼儿能与同伴友好合作，学会在表演中倾听同伴的故事语言，配合同伴的角色行为。

（3）幼儿能大胆、大方、大声地展示自己的表演内容，对自己的演出充满信心。

（4）观看的幼儿学做文明有礼的小观众，安静地观看演出并给予评价。

3. 区域布局

（1）由于幼儿表演时声音较大，表演区应远离阅读区、益智区等静态区域。

（2）如果有足够的活动空间与场地，可以布置一个小舞台，会更加吸引幼儿的参与。小舞台的设计无须投入很大的财力和物力，一块绒布、一些彩色纸条，稍加修饰便可利用；也可设置一个电视屏幕式的立体小舞台，用大的纸盒制作成电视屏幕的外观，放在小桌子或架子上，幼儿站在后面，就如同在电视里进行表演一样。

4. 主题环境创设

表演游戏的环境创设大致可以分成三类：游戏场地、情景的创设，游戏道具的设计与准备以及游戏中替代物的合理使用。

（1）在游戏场地、情景的创设中，教师应重视与幼儿共同创设一个和谐、温馨的精神环境，让幼儿在没有压力的、宽松的环境下心情愉悦地游戏。

（2）道具是表演游戏中必不可少的物质材料，它能吸引、激发幼儿参与游戏的愿望与兴趣，在一定游戏情景中提示幼儿进行表演。在游戏时应注意启发幼儿自己动手运用半成品材料或废旧材料加工制作道具。

（3）教师要善于鼓励幼儿根据游戏的需要寻找替代物，如按道具的色彩、形状、大小、使用和操作方法相似等特点来替代相似的玩具，学会“一物多用”，从而使幼儿的思维更具发散性、更活跃。

（4）营造观赏氛围，制定表演区相关观赏规则，保证观赏秩序。

“梦幻剧场”

5. 材料准备与管理

表演区的材料投放是根据表演内容确定的，通常表演分三大类：语言表演类、音乐表演类和想象装扮类。具体材料投放可参考表 3–4。

表 3–4 表演区材料投放表

区域	类别			材料
表演区	语言表演类	剧场类	童话表演	头饰、面具、道具、服装、背景等
			歌谣表演	话筒等
			电视播报	场景、话筒等
		讲故事类	故事盒	故事盒、各种玩偶
			沙盘	沙盘、沙盘小人
			木偶表演	木偶剧场、各种木偶
	音乐表演类	演唱表演		头饰、音乐、话筒等
		节奏乐		音乐、打击乐器等
		韵律舞蹈		音乐、服装、道具等
	想象装扮类			服装、饰品、音乐、纱巾、夹子、镜子等

表演区活动是一种自主性活动，为确保活动有序开展和进行，需制定一定的规则，引导幼儿形成规则意识。在管理中，可以使用容易识别的图形、符号，设计制作提示性、养成性、认知性的标志，帮助幼儿理解和执行活动规则。

表演区一角

第三节　生活区环境创设

陶行知指出："教育的根本意义是生活之变化。生活无时不变，即生活无时不含有教育的意义。"培养良好的生活卫生习惯是幼儿园教育的目标之一，良好生活卫生习惯的养成离不开良好的生活环境。

在幼儿园班级活动环境中，生活环境主要包括用餐、饮水、盥洗、如厕、睡眠等所有幼儿生活活动时所需的空间。这些空间科学、合理的规划与有目的的创设，可以有效发挥其教育的价值，促进幼儿生活技能与习惯的发展。

一、用餐环境创设

良好的饮食习惯有助于幼儿的膳食平衡，有利于其消化器官的活动和预防疾病，也有利于幼儿良好道德品质和文明行为的形成。用餐环境的优劣直接影响到幼儿的膳食质量，本着以幼儿为本的保育原则，为幼儿创设一个良好的用餐环境是每位幼儿教师应具备能力。

1. 墙饰与标志

（1）科学配置幼儿食谱栏

幼儿园的食谱要坚持营养均衡、分量适中、品种齐全、形色多样、咸淡适宜的配餐原则。幼儿园班级应设置食谱栏，每周公布食谱。食谱栏要放置在家长、幼儿、教师便于观看的地方。食谱可以用文字书写，为了方便幼儿识读，也可以用具体的食物形象表示。

（2）室内布置优雅整洁

墙面颜色以增进食欲的柔和暖色调为宜，装饰色彩鲜艳、生动可爱的食物图片或绘画作品。

2. 区域布局与材料工具投放

总体来说，健康的餐厅物理环境要做到：光线充足，空气流通，温度适宜，餐桌清洁美观、大小适宜。没有条件专设餐厅的幼儿园，班级活动室可兼作用餐空间。

提供健康应手的餐具。餐具应符合幼儿的特点，使用绿色环保、大小深浅适宜、不易脆化和老化、无尖角、不易破碎的素色餐具。提倡幼儿在适龄期使用筷子，并以竹木材料为佳。

3. 氛围营造

营造良好的用餐氛围，就是要气氛和谐，不强迫幼儿进食，不体罚或批评幼儿，使幼儿心情愉快。在用餐过程中，师幼之间要相互交流，融知识教育、情感交流、行为与习惯的训练为一体，还可播放一些轻松、优美的音乐，以促进幼儿的食欲。用餐环境中的噪声、喧闹、拥挤和污染会使幼儿大脑皮层处于抑制状态，影响其用餐质量和消化吸收。

在用餐时，幼儿可自由选择座位，选择和自己的好朋友一起共同用餐，教师只有在幼儿请求帮助时，才能采取必要的措施。教师应多给幼儿一些用餐的时间，不在幼儿用餐时处理有关纪律的问题。

同时，可以为幼儿创造一个自我服务的机会。实际上，幼儿在 3 岁左右便开始寻求独立，他们愿意自己做好自己的事，他们常说："我自己来"，说明幼儿有自我服务的欲望。让幼儿在成人的帮助下学习完成用餐活动，如收放餐具，自取食物，互相鼓励不浪费粮食，不挑食等。要使幼儿养成自己的事情自己做，不依赖成人的好习惯。

在用餐的同时体验集体生活的快乐，这有利于幼儿积极适应社会。为幼儿创造一个与同伴融洽交往、师幼积极互动的场所，使幼儿在语言能力、知识经验、人际交往等方面有所发展。

健康快乐的用餐环境

二、饮水环境创设

水是我们生活中必不可少的物质，与幼儿的健康更是密不可分。3~6 岁幼儿体内的水分约占自身体重的 65%。《纲要》明确指出：“幼儿园必须把保护幼儿的生命和促进幼儿的健康放在工作首位。”及时补水对幼儿身体发育非常重要，幼儿年龄越小，体内水分的比例就越高。因此，科学地引导幼儿饮水，养成良好的饮水习惯，是幼儿健康成长的重要前提。

饮水标识

环境可以对幼儿起到暗示和激励的作用。教师要创设适宜的饮水区环境，积极引导幼儿养成良好的饮水习惯。

1. 墙饰与标志

让墙面说话，可以在墙壁上张贴一些关于饮水的生动形象的图片，并配上与画面配套的“我快枯萎了!”“我口渴了!”“喝水更健康!”“我好想喝水!”等短句，让幼儿知道饮水的重要性。

为了了解幼儿饮水的情况，可以在饮水机的旁边布置一个饮水的栏目——“今天你喝了多少水?”写上每个幼儿的姓名、学号或张贴幼儿的照片，幼儿每次喝完水，可以插上相应的卡片。例如，红色卡片表示喝了一杯水，绿色卡片表示喝了半杯水。这样，幼儿可以知道自己今天到底喝了多少水，教师也可以一目了然地看到幼儿的饮水情况。同时，也方便家长掌握自己孩子的饮水情况。

2. 区域布局与材料工具投放

本着就近与便利的原则，饮水柜一般放置于活动室与靠近盥洗室的交界处，使幼儿在一日活动中就近饮水，也便于幼儿餐后取杯子到盥洗室漱口，有助于幼儿漱口习惯的养成。按照幼儿园设施与设备和卫生要求，每个班级要配置有存放水杯小格的水杯架，做到一人一格一杯，要间隔一定距离，正面用防蚊蝇纱帘遮挡。水杯架的摆放位置以方便幼儿取放水杯为原则，水杯或格挡上要粘贴幼儿容易识别的标记或图案，避免幼儿错拿。

3. 氛围营造

要营造一个温馨的饮水环境，让幼儿喜欢上饮水。教师可以在饮水区放置诸如吊兰、一串红等植物，通过说明植物与水的关系引导幼儿：“根和叶片浇了水，植物就更加健康，会结出更大、更水灵的花朵，小朋友要是多喝水，也会像结出的花朵一样健壮、漂亮，花缺水会枯萎，小朋友缺水也会生病、没精神的。”

在幼儿饮水处还可增加供幼儿坐下的小桌椅，让他们能够不紧不慢地轻松饮水。例如，使用时尚感极强的小方桌，在小方桌的上面放上一个精心挑选的玻璃花瓶，插上美丽的布花，再摆上几张色彩鲜艳的小凳子，既时尚又温馨，幼儿可以坐下来和自己的好朋友边饮水边聊天。

三、寝室环境创设

幼儿需要的睡眠时间较长，一般 3 ~ 6 岁的幼儿睡眠时间为 11 ~ 12 小时，其中午睡为 2 ~ 2.5 小时。照料幼儿睡眠是幼儿园保育的重要环节，其过程是培养幼儿良好的睡眠习惯、自我服务和自理能力的最佳时机。创设安静、舒适的睡眠空间，保证良好的睡眠条件是促进幼儿身心健康的重要条件之一。

1. 墙饰与标识

幼儿园寝室宜采用粉红或蓝紫色调为主的温暖、宁静的色彩，顶部以白色为宜，营造出安静、温馨的整体氛围。

利用幼儿易于识别的图示、标识等，提示幼儿寝室行为准则，帮助幼儿养成良好的睡眠习惯和生活自理能力。例如，在寝室不能喧哗；聊天、走路要轻，不影响和干扰其他幼儿睡眠；不能将玩具带入寝室；睡前如厕；按程序穿脱衣服、整理被褥等。

午睡环境

2. 区域布局与材料工具投放

寝室应有较好的朝向和良好的通风条件，避免阳光直射。炎热地区应避免夕晒，也可安装遮阳设施，寒冷地区应保证冬季室内有足够的新鲜空气。应满足全班幼儿（以每班平均 30 人计）睡眠、休息的需要，确保每一个幼儿有固定的床铺和卧具。床位排列要便于保教人员巡视、照顾及管理。卧室内主通道不宜小于 0.9 m，次通道不宜小于 0.5 m，两床之间通道不宜小于 0.3 m。为防止幼儿睡眠时受凉，床不能紧贴外墙或窗户设置，且与外墙或窗户的距离不应小于 0.4 m。

各班寝室要配有存放幼儿衣物的存储空间和晾晒幼儿小件物品的空间与设施。寝室窗台高度应在 0.9 m 以上，窗户下半部应做固定窗或加防护栏，以防幼儿站在床上爬高。

3. 氛围营造

安全、宁静、舒适、整洁的睡眠环境，是寝室环境创设的主旨。午睡等生活环节也是最易使幼儿发生情绪波动的时刻，因为这些活动与家庭生活情境紧密相关，容易使幼儿因想家而产生焦虑情绪。教师可以创设“家庭式”的生活环境，凸显家庭生活的“温馨、松弛”，给予幼儿感官上的安全感与心理上的满足感，让幼儿与新的环境建立起某种和谐。

例如，小班幼儿年龄小，对家庭和父母比较依恋。午睡的环境创设，可以在教室四周的窗帘上粘贴星星和月亮的卡通图案，午睡时将窗帘缓缓放下，并配以轻柔舒缓的摇篮曲，音乐声由重渐轻。这样，既给予了幼儿一个温馨、舒适的环境，又在视觉和听觉两个层面给幼儿以提示，让幼儿知道午睡时动作要轻，在音乐声结束之前要进入梦乡等。

午睡环境创设

四、盥洗室、卫生间环境创设

幼儿在园的盥洗活动主要包括洗手、漱口、洗脸、梳头四个环节。养成良好的盥洗习惯，有利于预防经手传播的疾病，形成保障幼儿身体健康的第一道防线。幼儿的盥洗活动在幼儿园活动中的频次最高，也是幼儿园生活活动最为重要的环节。同样，如厕也是幼儿园一日活动中的重要环节，如厕能力的培养是幼儿园生活教育的一个重要组成部分。

盥洗室、卫生间的环境创设，对提高幼儿的生活自理能力，对幼儿智力、情感、独立性、克服困难等方面发展都有重要意义，也为幼儿的未来发展奠定良好的生活品质基础。

1. 墙饰与标识

借助墙饰与标识做一些关于安全和文明习惯培养的提示。墙饰与标识创设要点是让幼儿“看得见、读得懂”。张贴场所应与标识对应的生活场地与教育价值相关。例如，在盥洗室中，采用等待线、小脚印等标识，暗示幼儿人多时要排队，帮助幼儿建立遵守秩序的好习惯，培养幼儿的秩序感。再如，性别意识的培养，在卫生间隔板上张贴表示男女性别的不同标识，暗示幼儿感知“男女是不同的”，培养幼儿从小萌发“我是谁”的性别意识。小班可以是直观的人物或卡通图案，男女特征要明显，如有无发辫；中、大班可以是抽象的标记，可与社会一般标识相衔接，如裙子与礼帽等。

借助墙饰与标识还可以引导幼儿生活技能的养成。例如，在盥洗室水池前张贴正确的洗手示意图，介绍洗手程序与方法；在幼儿搭挂毛巾的墙面贴上“擦脸小方法”等。

盥洗室环境创设

2. 区域布局与材料工具投放

盥洗室、卫生间应临近活动区和寝室，并有直接、良好的自然通风换气条件。盥洗室、卫生间所有设施与设备的配置，应根据幼儿的年龄特点确定，符合幼儿身体尺度和卫生防疫要求。盥洗室、卫生间地面应做防滑处理。3~6 岁幼儿的性别意识较弱，幼儿园多为男、女同学合用卫生间。幼儿园在条件允许的情况下，在环境创设时应关注男女差异，特别到了大班下期，不太适宜男、女同学在同一个空间中如厕，最好每个厕所间能安装一扇小门。如硬件条件不允许，可适当根据实际条件考虑在男女如厕的环境中增加一道隔帘。

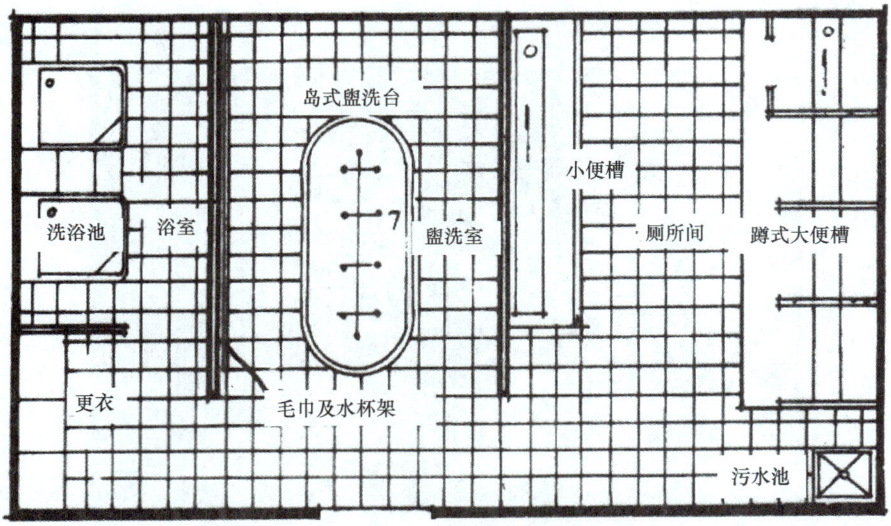

卫生间平面布置图

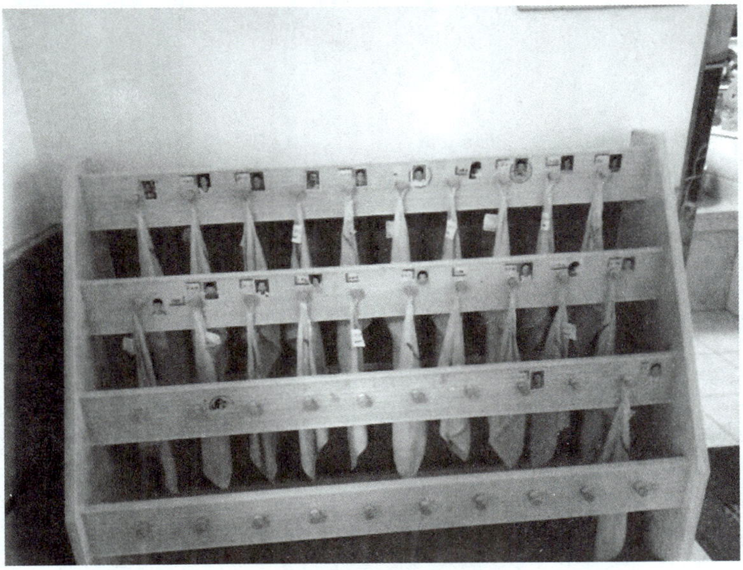

盥洗室里的毛巾架

要在洗手池旁边提供洗手液或香皂。盥洗室必须设置毛巾架，悬挂供每一个幼儿使用的毛巾，要做到一人一巾，而且毛巾和毛巾之间要保持一定的距离。

3. 氛围营造

盥洗室、卫生间环境应及时清洁，保证地面干燥、整洁，给幼儿创设一个良好的生活环境。环境创设时要关注不同幼儿的发展差异。例如，同样是小班男孩儿，最高的与最矮的相差在 10 cm 左右，那么统一高度的小便池必然不能满足所有幼儿的需求。所以，教师可在观察后，用纸盒或积木固定在地板上，为个头较小的幼儿提供一个阶梯，方便他们小便。

盥洗室里的氛围营造

思考 · 练习

1. 根据活动区“十字定位法”，绘制小班活动室区域环境设计方案平面图。

2. 利用实习机会，走进一所幼儿园活动室，根据附表 1 ~ 附表 3，对其阅读区、建构区和表演区环境创设进行评价，并拟定益智区、美工区环境创设评价表。

3. 拍摄一组幼儿园生活区的环境照片，进行小组讨论，分析和说明优缺点。

附表 1:

阅读区评价表

幼儿园:__________　　班级:__________　　时间:

一级评价指标		二级评价指标	标准分	得分
区域环境的创设 30 分	空间布局 10 分	区域空间是否相对封闭、安静	3	
		区域环境是否温馨、舒适、光线明亮	4	
		区域中的书架或书袋的摆放是否方便幼儿取放图书	3	
	材料投放 15 分	图书材料是否承载着区域当前的教育目标，能否为幼儿当前的发展需要提供支持	5	
		图画书的数量、种类、配置等是否满足当前幼儿阅读的需要	5	
		是否随幼儿的阅读需要和经验提升而不断投放新的材料	3	
		是否注重幼儿良好阅读习惯的培养	2	
	区域墙饰 5 分	墙面环境是否可以为幼儿的阅读活动提供必要的支持	5	
区域中的幼儿 40 分	兴趣与参与度 7 分	是否对阅读活动充满兴趣	2	
		是否专注地投入到活动中	3	
		是否在阅读中持续一段时间	2	
	良好的阅读习惯 8 分	在阅读中是否懂得正确取放图书和翻书	3	
		是否掌握正确的阅读姿势，懂得阅读时的用眼卫生	3	
		是否安静地倾听、思考听到和看到的内容	2	
	社会性发展 15 分	是否与成人或同伴共同阅读，体验与他人分享阅读的快乐	5	
		是否乐于讨论，勇于发表自己的见解	4	
		是否乐于与他人交流自己对阅读的感受	3	
		是否有方法自主处理与同伴发生的纠纷	3	

续表

一级评价指标		二级评价指标	标准分	得分
区域中的幼儿 40 分	认知发展 10 分	是否知道图书有封面、封底、书名和页码	2	
		是否具有初步的理解能力	3	
		是否了解图画和文字的对应关系	3	
		是否能认读一些常用字，对文字的来源和构造有好奇感和探索欲	2	
区域中的教师 30 分	对幼儿的观察 6 分	是否对幼儿阅读的情况进行细致观察	2	
		是否敏锐地发现幼儿阅读中的问题	4	
	对幼儿的指导 10 分	是否适当地开展讨论或小组活动、集体活动以及解决幼儿出现的问题	5	
		对幼儿阅读的指导是否适时、适度	5	
	对活动的评价 6 分	评价是否具有针对性，对幼儿的活动有指导作用和鼓励作用	6	
	反思与调整 8 分	是否能及时地进行区域环境的反思，反思是否深入	4	
		是否根据幼儿阅读的情况对阅读材料进行补充和调整	4	
总分				

附表 2：

建构区评价表

幼儿园：__________　　班级：__________　　时间：

一级评价指标		二级评价指标	标准分	得分
区域环境的创设 30 分	空间布局 10 分	面积是否在 10 m^2 左右	3	
		是否避开人流密集的地方	3	
		地面是否采用平滑、硬度较高、没有裂痕的地垫	4	
	材料投放 15 分	材料是否包括积木、插塑两种专门的建构材料，且数量充足	5	

续表

一级评价指标		二级评价指标	标准分	得分
区域环境的创设 30 分	材料投放 15 分	是否投放种类丰富、结构适合且卫生的废旧物品材料	3	
		是否根据游戏的需要，提供动植物、交通工具等成品玩具作为辅助材料	3	
		是否科学合理地归整材料，方便幼儿游戏时取放	4	
	区域墙饰 5 分	墙面环境是否具有动态性，是否根据幼儿的游戏情况及时进行调整	2	
		是否为幼儿的游戏提供必要的示范、提示、欣赏、分享等支持，能引发幼儿与之互动	3	
区域中的幼儿 40 分	建构的主体性与创新性 9 分	是否感受到建构游戏的乐趣，保持愉快的情绪	3	
		是否体现出较强的自主性、计划性和创造性	4	
		是否专注地进行游戏	2	
	建构技能 9 分	是否掌握并灵活运用平铺、垒高、架空、围封等技能	5	
		是否注意平衡、对称和造型的装饰	4	
	解决问题能力 8 分	是否发现问题、提出问题	4	
		是否创造性地使用材料解决问题	4	
	社会性发展 10 分	是否尊重他人的意见，谦让，与同伴协商、分工、合作、分享	5	
		是否建立适当的游戏规则，注意保护好自己和他人的作品	5	
	认知能力 4 分	是否对建构材料的大小、形状等特征正确认知，能对其进行比较、分类、观察和尝试	2	
		是否获得并运用空间、距离、方向等有关科学和数学的概念	2	
区域中的教师 30 分	对幼儿的观察 5 分	是否关注到幼儿的建构技能、材料使用、交流合作等	3	
		是否主动做好观察并记录	2	
	对幼儿的指导 10 分	指导方式方法是否适宜，是否有效地帮助幼儿确定建构游戏主题和内容	3	

续表

一级评价指标		二级评价指标	标准分	得分
区域中的教师 30 分	对幼儿的指导 10 分	是否把握时机介入游戏，并采用适宜的方法引导幼儿自主解决	4	
		是否帮助幼儿螺旋式提升建构技能	3	
	对幼儿的评价 5 分	评价是否具有针对性，能关注幼儿的个体差异，具有支持和引领作用	5	
	反思与调整 10 分	是否及时地进行对区域环境的反思，反思是否深入	5	
		是否根据观察与反思对区域环境和指导进行不断的调整	5	
总分				

附表 3：

表演区评价表

幼儿园：__________ 班级：__________ 时间：

一级评价指标		二级评价指标	标准分	得分
区域环境的创设 30 分	空间布局 10 分	区域空间的大小是否满足幼儿进行表演的需要	3	
		整体布局是否有艺术气息，能激发幼儿的表演欲望	4	
		画面、色彩是否具有艺术感染力，能启发幼儿的想象力	3	
	教具及材料投放 15 分	道具和材料是否形象、生动，能引发幼儿的表演欲望	3	
		道具和材料的数量、种类是否充足，能满足不同角色的表演需要	3	
		是否有满足幼儿自制或创意需求的半成品和替代材料	6	
		道具和材料的取放、使用是否有规则引导	3	
	区域墙饰 5 分	墙饰、背景是否与近期的表演内容相匹配，并随着内容的变化及时更换	3	
		是否有最近或以往表演的记录或展示，能满足幼儿自我欣赏的需求	2	

续表

一级评价指标		二级评价指标	标准分	得分
区域中的幼儿 40 分	表演兴趣 5 分	是否主动、积极地参与表演	2	
		是否专注、持续地参与表演	3	
	理解和把握作品 6 分	是否理解作品的情节、结构和发展脉络	3	
		是否理解和把握角色的形象和特征	3	
	表演与表现能力 16 分	是否选择自己喜欢的角色大胆进行表演	2	
		是否运用替代材料充当道具和自制道具	2	
		是否进行角色的自我装扮并努力体现角色的形象特点	3	
		表演使用的语言、动作是否符合角色的特点	3	
		操作、使用道具材料的技能水平是否有利于角色形象的塑造	3	
		是否对角色或形象进行创意表演或表现	3	
	表演中的合作与交往 8 分	是否使用交换、轮流等方法与同伴分配角色	2	
		是否与同伴及时协同、合作表演并坚持到底	2	
		是否与同伴协商并有效解决表演中的矛盾与争执	2	
		是否遵守表演规则	2	
	表演体验 5 分	是否积极参与游戏评价，乐意向同伴介绍自己的游戏体验	3	
		是否关注并理解同伴的游戏体验	3	
区域中的教师 30 分	对幼儿的观察 8 分	是否有明确的观察目的和观察计划	3	
		是否有具体的观察方法和观察手段	2	
		是否敏锐地发现幼儿表演中存在的问题	3	
	对幼儿的指导 10 分	对表演题材和内容的选择是否符合幼儿的年龄特点	1	
		是否向幼儿提示和建议，以拓展幼儿的表演思路，促进游戏的发展	2	
		是否注重幼儿表演技能的培养，提高幼儿的表演水平	1	

续表

一级评价指标		二级评价指标	标准分	得分
区域中的教师 30 分	对幼儿的指导 10 分	是否适时提问和组织讨论，促进幼儿语言能力的发展	2	
		是否引导幼儿协商解决表演中出现的矛盾和争执	1	
		是否及时捕捉幼儿表演中的创造火花，充分鼓励和肯定幼儿的创造性行为	2	
		是否提升幼儿的审美体验和情趣发展	1	
	对幼儿的评价 4 分	是否提升幼儿的表演经验，并对其后续表演具有激励作用	1	
		是否鼓励幼儿通过分享、讨论等进行自评和互评	2	
		是否注重幼儿审美体验的分享，提高幼儿的审美情趣	1	
	反思与调整 8 分	是否正确调整区域的空间布局和道具材料	2	
		是否延续或拓展幼儿表演的内容，保持并提高幼儿的表演兴趣	3	
		是否调整或改进幼儿表演的方法步骤，增进幼儿的表演经验	3	
总分				

第四章
幼儿园室内公共环境创设

学习目标

- ◆ 了解幼儿园室内公共环境的构成与功能
- ◆ 掌握常见公共功能室的环境创设方法
- ◆ 掌握门厅、走廊与楼梯的创设方法

第一节　室内公共环境创设概述

一、室内公共环境的构成

幼儿园室内教育环境主要是由班级活动单元，公共功能室以及门厅、走廊与楼梯等公共区域三个部分构成，其中的后两者共同构成幼儿园室内公共环境。公共功能室主要由多功能室（厅）、音体活动室和一些专用功能室（美术活动室、图书阅览室、角色游戏室、科学探究室、建构游戏室等）构成。

二、室内公共环境的功能

幼儿园室内公共环境和户外活动场地等公共环境是幼儿园的窗口（户外活动场地将在

第五章讲解），它们能够直观地体现一个幼儿园的办园理念与品位。室内公共环境一方面拓展了幼儿活动与健康发展的空间，另一方面对幼儿具有耳濡目染、潜移默化的影响。

幼儿园室内公共环境与室内班级活动环境紧密相连。从功能层面来看，两者发挥的作用有所区别：前者具有共享性，不同班集体根据教学需要均可在此参加活动，完成一定的教学任务；后者具有专用性，是幼儿园单个班集体活动的主要空间。从教育层面来看，幼儿园室内公共环境是班级活动环境的拓展与外延，与班级活动环境共同构成室内教育环境整体。

进入一所幼儿园时，首先接触到的就是公共环境，公共功能室数量的多少与内容丰富的程度，门厅、走廊与楼梯的文化创设等，可以让人瞬间感受到幼儿园的办园特色和教育精神。

公共功能室——木工室

公共功能室——陶吧室

三、室内公共环境的创设要求

1. 特色化与园本化

幼儿园应顺应幼儿的身心发展特点和需要，结合幼儿园课程的特点，突出办园理念与本园文化，创建特色浓郁的公共教育环境。例如，前面章节中提到的宋庆龄国际幼儿园的核心教育理念是宋庆龄女士“让儿童立志做文化的主人，做自然的主人，做宇宙的主人”的教育思想，常州市某幼儿园围绕“开心”理念布置一些公共区域，均是在室内公共环境的创设中体现办园理念，在园本文化的基础上体现出特色化的办园思想。

2. 原创性与动态性

要一贯强调幼儿园环境创设应始终遵守幼儿为主体的原则，强调幼儿参与的重要性。在日常教育活动中，教师对幼儿的思想火花与创意灵感加以发挥，巧妙地将自己的作品与幼儿的作品相结合，达到最佳的艺术效果。例如，教师在活动室瓷砖墙上设计动物的外形轮廓，让幼儿通过盖印章、折糖纸、贴贝壳、撕贴纸、添画等方法填充动物图形；教师用蜡光纸剪的人物与幼儿装饰的伞面粘在一起，再粘上乌云、雨点，就成了一幅五彩缤纷的“雨中上学图”，这就是具有原创性。遵照原创性原则，教育活动开展得越多，师幼的创意成果就会越多，要把全园公共环境看成一个大平台，所有教师和幼儿围绕园本文化的原创作品就会竞相呈现与不断更新。

3. 开放性与共享性

幼儿园要有效整合环境资源，如家长资源、社区资源、地域资源、传统文化和节日文化资源等，创设开放共享的公共环境，引导幼儿在温馨、多元、合作、探究的大环境中与环境互动、收获快乐与成功。例如，对家长积极性的调动，大多数家长只关心自己孩子所在班级的环境创设情况，对于公共环境创设的兴趣不大，对此，幼儿园可以以家长亲自参与幼儿园活动为主题，将家园联系活动作为重点工作，充分利用每年“六一”“国庆”“元旦”等节日，开展“家长日”“爸爸运动会”“家庭运动会”“家庭风采大赛”等活动，围绕亲子活动开展“亲子科学小实验”的家长开放日活动、“亲子情景剧表演”的迎新年活动等，让家长切身体验幼儿园的办园理念与园本文化，为幼儿园公共环境创设贡献才智。

第二节　典型室内公共环境创设

一、功能室的环境创设

1. 多功能室（厅）环境创设

一般来说，幼儿园里的大型活动室可供开展音乐、体育、游戏、观摩、集会以及幼儿作品展览等活动。另外，一些幼儿园的多功能活动室会兼具音乐表演活动功能，还有一些幼儿园的多功能活动室其设施类似于体育馆，主要用于体育活动项目。

由于多功能室（厅）活动项目和内容较多，使用班级较多，属多人活动环境。所以，有必要对其进行区域划分，以方便移动的玩具柜、屏风为隔断，为保证所有幼儿的活动都在教师的视线范围内，隔断的高度不宜超过 1.2 m，各区之间有通道并保持通道畅通。当多功能室（厅）面积大于 150 m^2 时，可以设置小舞台，以及电声设备、照明、服装、道具等设备间或更衣室、化妆间等。

色彩以浅色调为宜，如浅黄、浅蓝、浅绿等，易于室内人群放松心情，使师幼之间、同伴之间、教师与家长之间和谐地交往和活动。为活跃室内气氛，可以运用少量的对比色，并以流畅曲线或连续式纹饰加以美化。室内装饰色彩明快、饱和度高、形象生动的绘画装饰品，以烘托室内氛围。

2. 美术活动室环境创设

美术活动室不同于班级里的美工区，是供全园幼儿以班级为单位，轮流进行绘画、手工制作活动的场所。活动室可以划分为绘画区、手工区、材料区和作品展示区。通常配置较大的操作台面，上面设置方便搁置颜料、调色和绘画工具的凹槽，同时也要配置水池，用于调色、清洁绘画工具、泥工制作和幼儿洗手等。

美术活动室的环境创设，主要考虑营造出独特的艺术氛围，充分发挥幼儿的艺术想象力和创造力，激发幼儿的创作激情。幼儿原创的作品是最理想的展示与布置材料，展示墙、展示架上的绘画与手工作品来自幼儿自己的创作，也能真正体现幼儿才是环境创设的主人。作品的放置高度在 0.6 ~ 1.5 m，这样既可方便幼儿自己动手布置作品，也正处于幼儿平视视线范围。

某幼儿园多功能厅

图片说明：该幼儿园多功能厅的墙壁以其“健康、智慧、自信、快乐”教育目标进行装饰，渲染其办园理念的一致性，厅中央摆放着一棵参天大树，枝叶蔓延到屋顶的每一个角落，体现了该幼儿园全体教职员工自信、担当的精神风貌。

美术活动室组图

3. 图书阅览室环境创设

英国当代著名青少年文学大师艾登·钱伯斯在《打造儿童阅读环境》中写道：“阅读总是需要场所的。阅读的场所和我们阅读的乐趣、情绪、专注度有极大关系。”良好的阅读环境，能极大地激发幼儿的阅读兴趣，使幼儿在与环境的相互作用中潜移默化地接受书面语言，促进幼儿阅读能力的提高。因此，幼儿园的图书阅览室要为幼儿营造良好的物质环境和精神环境，让幼儿在与环境的交互作用中得到发展。

阅读区书籍摆放

为了满足幼儿的不同需求，幼儿园设计当中可把图书阅览室分隔成几个区域：动态区（表演区、自由阅读区、好书分享区）、静态区（读书区、新书推介区）、修补区、自制图书区。如果幼儿园条件准许，可以增添视听区（电视机、收录音机等，供幼儿听配乐文学作品或自己尝试录音）、亲子阅读区（在一定的时间段提供亲子阅读机会，让幼儿感受亲人陪伴阅读的惬意和幸福）。

创设一个良好的阅读环境，图书阅览室要有良好的光线、清新的空气、安静的环境。墙面和窗帘的色彩可以以淡蓝、淡绿、淡黄色为主色调，墙壁上张贴阅读的图文规则，室内可以摆放一些盆景，图书封面向上或向外摆放，书架高度一般不宜超过 1.2 m，便于幼儿自己选择。

图书阅览室——“故事盒”

4. 科学探究室

《指南》提出，“幼儿科学学习的核心是激发探究兴趣，体验探究过程，发展初步的探究能力。”创造力是幼儿阶段学习科学的重要体验要点。幼儿园科学探究室就是幼儿探索事物奥秘、满足探求欲望、进行科学发现和探究的专门场所。

科学探究室可以相对划分为观察区、探索区、主题活动区、展示区等区域。观察区是供幼儿观察科学现象发生、发展、变化的区域；探索区是供幼儿直接参与科学活动的区域；主题活动区是根据幼儿兴趣和发展的需要开设主题活动而创设的专门区域；展示区提供适合幼儿观看的各种科技信息、报道、图片以及各种科学常识资料展示的区域。

《指南》提出，“成人要善于发现和保护幼儿的好奇心，充分利用自然和实际生活机会，引导幼儿通过观察、比较、操作、实验等方法，学习发现问题、分析问题和解决问题。”科学探究室的总体创设思路是，从幼儿身边取材，贴近幼儿生活，充分体验和感受工具、技术和科技发明对人类生活的影响，激发幼儿的好奇心和探究欲。

科学探究室组图

5. 角色游戏室

角色游戏是促进幼儿发展的最好的练习和实践机会。幼儿社会教育是幼儿教育五大领域之一，它关系到幼儿的社会化进程，对幼儿健康成长至关重要。角色游戏作为幼儿社会教育中非专门化教育活动之一，对幼儿的社会性发展具有极其重要的价值与作用。创设适于幼儿园角色游戏的环境，是开展角色游戏的前提和保障。

角色游戏是现实生活的反映，对社会生活具有丰富具体的印象是角色游戏顺利进行的前提。角色游戏室不同于班级角色游戏区之处，在于其空间大、游戏区多的特点，教师应该从本园的实际出发，积极创造条件，尽量创设多组角色游戏区，让幼儿了解更多的社会生活，熟悉更多的社会环境，积累更多的生活经验。除一些相对固定的“娃娃家”“儿童医院”“超市”等外，还应结合社区文化、区域文化等不断创设一些富有新意的角色游戏区。

角色扮演室的“银行”“邮局”“美发店”活动区

玩具和游戏材料是幼儿开展角色游戏的物质基础，游戏中幼儿的思维在很大程度上依赖玩具和游戏材料展开。教师应提供幼儿感兴趣的、适合幼儿年龄特点的、能促进幼儿学习和发展的玩具和游戏材料。为方便和激发幼儿游戏活动，游戏材料要便于幼儿自由取放、随意搭配、随意组合。

“娃娃厨房”

"趣田美景"

二、门厅、走廊与楼梯环境创设

1. 门厅的环境创设

门厅是幼儿园的交通枢纽，幼儿每天入园与离园的必经之地。门厅也是进行晨检的地方，在此晨检可以保证幼儿无漏检。与门厅紧临的接待室是控制家长以及外来人员不要随意深入幼儿园教学区的咽喉部位，在此可接待来访者，以保证教学环境安静，并防止病菌携带者进入。门厅又是幼儿园对外的宣传窗口，它的自身艺术形象以及门厅中的展橱都能给外来者深刻的印象，它所呈现出的环境代表了一所幼儿园独有的文化品位。门厅环境创设同样蕴含诸多教育要素，应该让门厅环境展示幼儿园的文化底蕴、教育理念，让门厅环境与幼儿交流对话，把门厅环境营造得有生命、有灵气，真正发挥其实效性。

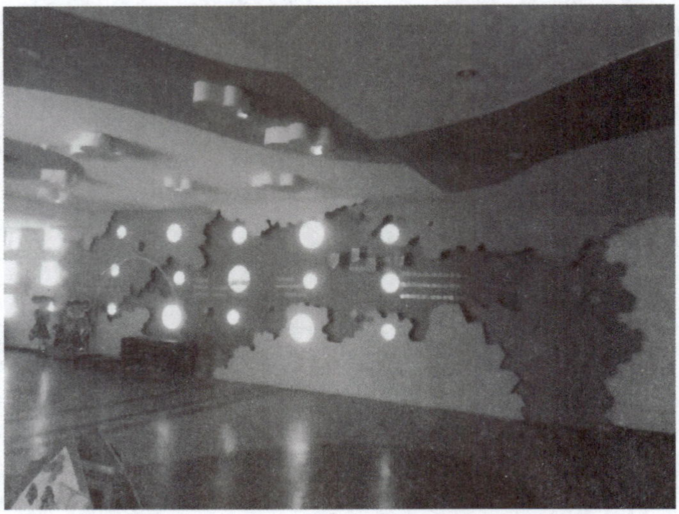

某幼儿园门厅

图片说明：该幼儿园的门厅以刘海粟美术教育特色创设独有的文化品位，大厅内以“遇见最美”为主题，以绿色彰显生命的灵气，展示自己的教育理念。

门厅的环境创设并不是一成不变的，当发现现有的环境创设已远远不能满足幼儿已有经验时，就要根据当前教育目标和幼儿现有水平及时变换创设。例如，创设四季门厅，一年有春、夏、秋、冬四个季节，在这四个季节里，可以运用鲜明的颜色来描绘风景，让幼儿时刻都能感受着四季的交替，认识四季变化的规律和特征。根据主题月活动创设门厅，围绕着月主题活动，对幼儿园门厅环境做相应的装饰。以礼仪活动为主题创设门厅，就围绕着礼仪教育对门厅环境进行一系列的创设。大门口张贴“争创有礼貌娃娃”海报，让每位家长和幼儿第一时间就能关注到活动，把有礼貌的行为拍成照片，配上“请”“谢谢”“对不起”的礼貌用语后，贴在门厅的柱子上、转角处展示，让幼儿一走进大门自然而然就可以看到，并且乐于模仿礼貌行为。创设节日门厅，可以在重要节日期间，营造出节日温馨热闹的气氛，点燃活动的激情。过圣诞节时，让每个幼儿用废旧物品制作圣诞树，发挥自己的想象力大胆创造，使用各具特色的材料，这些都让幼儿有了更大的参与空间，当幼儿看着自己精心制作和装饰的圣诞树，会对活动有更大的激情。

幼儿园门厅墙壁上可以布置幼儿园办园理念与宗旨、“教师风采”“共同成长”（幼儿园开展的活动及育儿理念）、“幼儿园特色栏”（幼儿园开展的特色活动，宣传活动理念与精髓）、“幼儿作品展示栏”“每周食谱栏”等，运用图文并茂的形式，形象地展示幼儿园风貌。

圣诞主题幼儿园门厅创设

用树枝与织网形式展示教师团队

2. 走廊的环境创设

幼儿园走廊环境作为幼儿园教育环境非常重要的一个环节，与幼儿园各活动室配合来陶冶幼儿的性情，是幼儿园教学活动的重要补充。优美舒适的走廊环境和幼儿园其他教育环境协调配合，可以促进幼儿身心健康发展。

幼儿园走廊环境创设首先应考虑色彩的搭配，色彩搭配一定要科学。走廊的色彩以灰蓝、灰玫瑰等清新中性色，乳白、淡粉等清爽浅色为宜，给人以轻松爽朗的感觉。为活跃空间氛围，可辅以少量鲜艳的色彩，但不可过多或过于跳跃，色彩过于鲜艳、对比过强会引起幼儿的兴奋感，容易使幼儿产生烦躁不安、吵闹、推搡等行为，形成安全隐患。

幼儿园走廊的墙面，一般以一个主题来进行创设，使墙面更具整体感。例如，以天空为主题，以动画为主题，以海洋为主题，也可以以季节、节日为主题；还可以在两边的墙面上选择适合的位置进行“学习园地”的设计，将幼儿的优秀写画作品张贴在这里，既使走廊看起来更有活力，又为幼儿提供了与环境互动的学习机会。

走廊里的“百草园”

走廊里的“小书吧”

幼儿园走廊环境创设还需要考虑到天花板。如果是用吊饰装饰就应该选择与所创设主题相应的物品，如选择天空为装饰主题就可以挂上月亮或者星星。需要注意的是，选择的材料一定要特别轻，且固定的时候一定要确保其稳固性，以免掉下来砸伤幼儿。天花板的装饰除了可以采用吊饰之外，还可以采用彩绘。

幼儿园走廊地面装饰的重要考虑因素是安全问题，首先要保证地板防滑。充分利用走廊地面设计系列体育游戏也是一个巧妙的创设，如练习连贯准确地行走、跳，发展幼儿动作协调性和灵活性的“脚印小路”，专门练习单双脚变化跳的“调皮毛毛虫”，传统游戏“跳房子”“地面大迷宫”等，这些简单而蕴含多种玩法的游戏项目可以让幼儿玩得津津有味。每当幼儿走过这些游戏地面时，总会不由自主地玩起来。这些创设的地面游戏不仅丰富了幼儿的室内活动内容，还很好地促进了幼儿运动能力的发展。

3. 楼梯的环境创设

楼梯作为幼儿出入的必经通道，作为建筑物主体结构要件有着承重的作用，又具备安全疏散和美观装饰等功能。幼儿园的楼梯设计首先以安全为基础，楼梯设置的数量和宽度、踏步高度及宽度、楼井宽度、扶手安全防护栏的高度，以及采光、通风等都要按一定的标准要求施行。幼儿园环境创设是一个整体效果，为了幼儿园的整体效果美观，楼梯也要根据幼儿园的设计主题进行相应的环境创设，在幼儿园楼梯的墙体加上与整体空间设计相应的墙画与色彩，让幼儿园楼梯有一个可爱温馨的环境效果。

走廊的运动创意

走廊的天花板彩绘布

位于门厅的主楼梯也是门厅的一部分，应力求画龙点睛的创设效果。在第一级踏步设计生动形象的符号引导幼儿按顺序上下楼梯，墙壁通过悬挂、张贴相互礼让、靠右行走、保持安静等提示标志，让幼儿养成良好的礼仪规范和交通行为习惯，避免集中疏散时发生碰撞、拥堵和踩踏等意外。一楼楼梯下部的小楼梯间和各层楼梯转台处，可以创设“娃娃家”“休闲小屋”等，供幼儿上下楼梯时稍作休息之用。楼梯口可以创设自然角，使楼梯更加温馨美观、富有生气。为了避免幼儿长时间驻留，楼梯及楼梯间墙面整体环境创设应该一目了然，少细节，色彩宜简洁明快。

“小脚丫为你指路”

楼梯美丽的安全网

思考 · 练习

1. 简述幼儿园室内公共环境的构成与功能。

2. 走访一所幼儿园，描述其室内公共活动室的特色之处。

3. 拍摄一所幼儿园的门厅照片，根据室内公共环境的创设要求分析其特色与不足之处。

第五章 幼儿园户外环境创设

学习目标

- 了解幼儿园户外环境的构成与功能
- 了解幼儿园户外环境创设的原则
- 掌握主要类型的幼儿园户外环境的创设方法

第一节　户外环境创设概述

一、户外环境的构成

户外活动是幼儿成长中不可或缺的组成部分。《规程》第三十五条："幼儿园应当有与其规模相适应的户外活动场地，配备必要的游戏和体育活动设施，创造条件开辟沙地、水池、种植园地等，并根据幼儿活动的需要绿化、美化园地。"第十八条："幼儿园应当制定合理的幼儿一日生活作息制度。正餐间隔时间为 3.5 ～ 4 小时。在正常情况下，幼儿户外活动时间（包括户外体育活动时间）每天不得少于 2 小时，寄宿制幼儿园不得少于 3 小时；高寒、高温地区可酌情增减。”

幼儿园户外环境主要由户外游戏运动场、园庭景观、园门与围墙、建筑物外墙四个部分构成。户外游戏运动场主要由沙地、水池、种植饲养园地、游乐器械等游戏设施和体育活动设施构成，园庭景观主要由草坪、花木、道路、雕塑、凉亭、绿廊等绿化、美化园地构成，围墙和建筑物外墙可以创设户外涂鸦区。幼儿园环境处处皆育人，这些户外环境的构成要素直接影响到幼儿园功能的完善和环境质量的提高。

二、户外环境与室内环境的关系

户外环境是对室内环境的延伸，是一个扩大了的活动中心。户外活动是有目的、有计划的教育活动，是实现幼儿园教育目标和幼儿发展的重要渠道，是室内活动代替不了的，对幼儿身心发展同样具有重要作用。

在幼儿园的整体环境中，室内环境与户外环境之间存在着相辅相成的关系。幼儿园的一些课程与活动目标是要依靠室内和户外两个空间来整体完成的，幼儿园户外游戏越来越多以“角色式”体验为主的方式进行，从而将幼儿从游戏中获得的经验与课堂内的教育形成互补。

让世界惊叹的越南农场幼儿园

图片说明：该农场幼儿园位于越南东南部的同奈省，占地面积 10 600 m^2，可容纳 500 名学龄前儿童就读。建筑体通过连续的三重环形绿色屋顶，营造出三个内部操场，为幼儿提供安全又舒适的环境。从地面算起，仅两层楼的高度。内部庭院成为幼儿安全的游戏空间；屋顶两端往地面倾斜，提供抵达顶层和蔬菜园的通道，幼儿可以去体验自然生态、探索植物、学习种植，从中体验到大自然滋养人类的可贵，将农场与生态教育相结合，从而树立幼儿爱护生态环境与慈悲对待万物的思想。

三、户外环境的功能与作用

幼儿园户外环境是布局优美的小花园，是幼儿了解动植物生长规律的科学馆，是幼儿嬉戏游乐的游戏运动场，是帮助幼儿感受大自然的隐形教师。可见，户外环境对幼儿身心成长发挥着多种功能与作用。

1. 促进幼儿身心多方面的发展

根据幼儿发展多元化的需求，幼儿园的户外环境不仅是幼儿嬉戏玩耍的场所，更是幼儿接受教育和学习的空间。幼儿户外活动内容朝着多元化的方向发展，户外环境是将娱乐、学习、体验三者合为一体的综合式空间环境，对于提升幼儿智力、体能、创造力和社交能力方面发挥着重要作用。

2. 提供幼儿与大自然亲密接触的机会

幼儿对大自然有一种天生的亲近感，他们总是怀着真实的情感和大自然对话。在户外，可以满足幼儿对大自然的向往，解放幼儿的四肢，放飞幼儿的心灵，让他们穿梭于花丛和树林间，全身心地感受大自然的美景；找蚂蚁、追蝴蝶，聆听动物的声音，自由地活动着，以自己独特的方式接触自然、认识世界，独立自主地去解决问题。与此同时，陶冶了情操，培养了审美观，加深了幼儿对大自然和生活的热爱之情。

"有间小书吧"

“艺术大篷车”

“农家小院”

“轮胎山坡”

"保家卫国"

3. 促进师幼间有效的互动

通过户外活动达到启发、激励和教育幼儿的作用，促进他们自觉、主动、轻松地学习和玩耍。户外活动时间并不是毫无组织的自由活动时间，户外环境为教师真正成为幼儿学习与发展的支持者、合作者和促进者提供了条件，为师幼互动提供了更加开阔的空间。户外活动的时间，是教师观察幼儿的最佳时间：与幼儿一起分享对自然界的认识与体验，是一个以积极、有意义的方式与幼儿互动的时间，是一个鼓励幼儿深入探索、支持幼儿大胆表达的时间，是一个引导、促进幼儿身心进一步发展的时间。

4. 促进同伴间积极的交往

户外环境是一个开放的空间，幼儿的自觉性、主动性在户外表现得更加明显，在游戏中找寻同伴，在活动中互相观察、互相模仿，彼此交流经验、分享情感。在此氛围中，幼儿学习和锻炼了各种社交技能和社会行为，发展了适宜的情感、态度、自制力和同伴间化解冲突的能力。户外环境充分提供了幼儿同伴间互动的空间，成为互动的保障而不是障碍。

四、户外环境创设方法

1. 户外环境创设的目标与定位

《纲要》指出："以多种有趣的体育活动，特别是户外和大自然中的活动来吸引幼儿，培养幼儿积极参加体育锻炼的积极性，并提高其对环境的适应能力。"因此，"有趣”既是幼儿园户外活动的重要目标，也是吸引幼儿主动参与的最好方法，兴趣的诱发和培养是幼儿园户外环境创设的主要任务。

幼儿园环境创设的定位应是有效地促进幼儿发展，它是一种鲜活的潜在课程。要完成教学目标，户外环境创设应根据幼儿发展的需要，将活动过程服务于幼儿身心的发展，其成效体现在促进幼儿发展的结果上。

2. 户外环境创设的原则

本着幼儿园环境创设的目标，充分体现“以幼儿发展为本”的教育思想，创设一个充满“童趣化”的乐园，使幼儿一走进幼儿园就能感受到乐趣，并能被其深深吸引从而快速融入当中。虽然幼儿园户外环境的规划与布局知识大都属于建筑设计范畴，然而，作为准幼儿园教师或幼儿园在职教师，掌握一些布局与规划原理，是做好户外环境创设的前提。户外环境创设在遵循幼儿园环境创设的总原则下，还应遵循以下原则。

（1）总体布局，全面规划

幼儿园户外环境是一个融锻炼、发现、探索、休闲和审美为一体的整体环境。进行环境创设时，应根据户外活动的目标和幼儿园的人力、物力和财力对园舍进行总体布局、全面规划，对户外场地和空间进行精心布局。

为完成户外活动的教育目标，同室内活动室一样，也要对户外场地进行区域化划分。根据幼儿园户外环境的构成和不同年龄段幼儿身心发展特点与需要，创设丰富多彩、充满童趣、富有动感的环境，引发幼儿活动、发现与探索。幼儿在这样的环境中，可以借助器械锻炼身体、磨炼意志、探究大自然奥秘、享受童年美好时光、陶冶情操，使身体大肌肉群以及协调性、灵敏性在自然而然中得到锻炼，冒险、勇敢、自信等品质不断提升。

（2）让环境活起来，体现动态化、多样化

幼儿园户外环境也担负着育人功能。户外环境除了进行区域化布置外，还应让它“活”起来，满足不同年龄幼儿和幼儿多元化的需求。第一，进行创设时，要考虑到环境的流动性、变换性和使用性。例如，“小小种植园”是幼儿观察植物生长、认识植物和昆虫的场地，既要考虑到幼儿们活动时是否能流动开，也要考虑种植园的多功能性，春种植、夏养护、秋收获、冬玩雪，还可以留一块场地让幼儿进行模拟种植、认识工具等活动。第二，“静”中创“动”，如大树下的石头，如果让幼儿观察雨后石头下出现的小昆虫等，静态的活动就活起来了。第三，创设多样化，如一地多用，一块水泥地可进行沙画、水画、粘贴画、粉笔画等；植物品种多样化，幼儿园四季有花、四季有绿；地面层次多样化，有高有低、有凸有凹、有平面平地有斜面和阶梯形、有丰富的绿化带等。

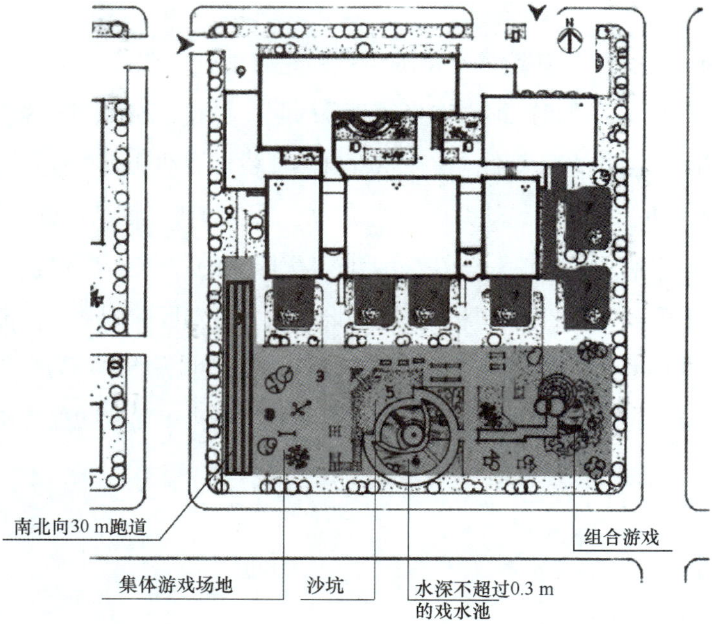

户外环境规划与布局设计举例

图片说明：该图为一所幼儿园的整体设计。全园公共活动场地的组成包括：30 m跑道、能围合成圆形的集体游戏场地、沙土游戏场地、戏水游戏场地、大型器械活动场地、组合游戏场地等。活动场地必须有良好的日照，一般在南向位置。

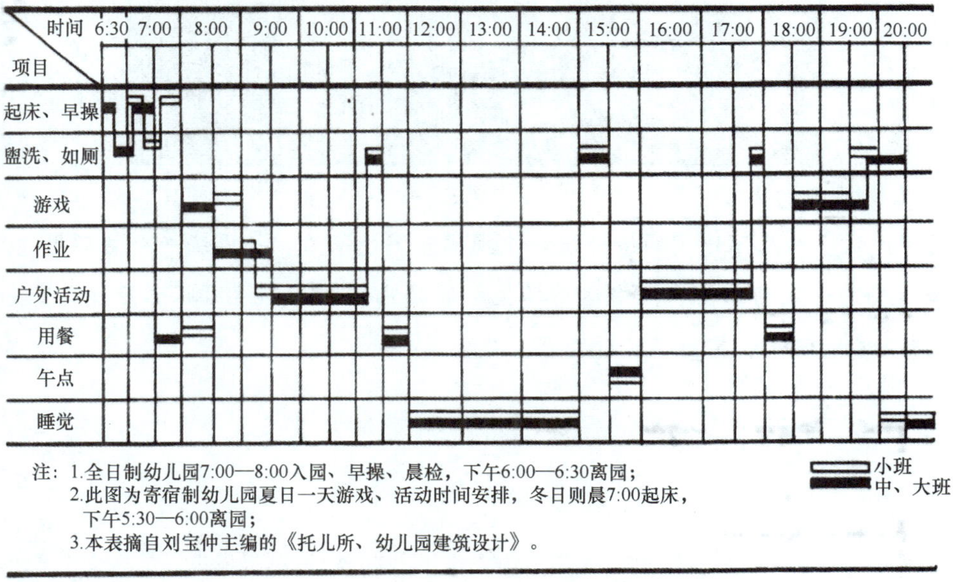

幼儿在园一天的生活

图片说明：幼儿一天的主要活动有盥洗、如厕、室内作业游戏、户外活动、用餐、睡觉等。设计时要充分考虑幼儿使用要求，教师在进行户外环境创设与利用时，尤其要关注户外活动的最佳时段。

（3）保持自然性，突出生态化

相对于室内环境，户外环境最突出的特点就是自然性，阳光、花草、树木、新鲜空气是必不可少的自然元素。目前国内许多幼儿园兴起“包装、攀比”之风，人为改造、过度装修、追求设施与设备的高大上，往往忽视自然环境作为幼儿园教育资源的重要性，弱化自然环境的育人功能。这样，幼儿园只会成为水泥、塑料、钢结构的“机械环境”，东拼西凑缺乏整体构想的“死环境”，无坡、无坎、无障碍的“全封闭环境”。例如，将富有生命力且蕴含着无限教育契机的草坪、泥地铺设成散发着塑胶味却毫无生命气息的塑胶地面。因此，在户外环境规划时应以“突出自然材料、体现生态环保”为指导思想，追求本土资源、运动、游戏对幼儿发展的价值，最大限度地发挥自然元素的独特作用。

运动场主题的幼儿园设计

图片说明：幼儿园建筑的造型设计应提倡充满想象力，并围绕一个主题思想展开。运动和游戏是幼儿的本性。图中运动场主题的幼儿园设计，运用环形开放式、充满童趣、富有动感的环境，突出了环境的育人功能。

第二节　典型户外环境创设

一、游戏活动场地

根据我国《托儿所、幼儿园建筑设计规范》（JGJ 39-2016）规定，幼儿园户外必须设置各班专用的户外游戏场地。每班的游戏场地面积不应小于 60 m^2。各游戏场地之间宜采取分隔措施。应有全园共用的户外游戏场地，其面积不宜小于下式计算值：户外共用游戏场地面积 M=180+20（N–1）（注：180、20、1 为常数，N 为班数）。户外共用游戏场地应考虑设置游戏器具、30 m 跑道、沙坑、洗手池和贮水深度不超过 0.3 m 的戏水池等。幼儿园的户外游戏活动场地按照不同的活动功能可分为若干区域，包括游乐设施区、戏水玩沙区、种植饲养区等。

1. 游乐设施区

游乐设施区是幼儿最喜欢去玩耍的地方，主要承载着游戏与体育活动的功能。游乐设施可以促进幼儿运动能力的发展，这种以大肌肉动作为主的户外游戏和体育活动，可以培养幼儿的空间感、速度感、节奏感和平衡感等，有助于幼儿形成健康的体魄和良好的行为习惯，养成活泼开朗的性格。游乐设施主要分为摇荡式（秋千、浪木、浪船等）、滑行式（滑梯、滑杆等）、旋转式（转椅等）、攀登式、起落式、平衡式、钻爬式和堆筑式等器械。此外，幼儿园还要设置有跑道的运动场，有条件的幼儿园还可以开辟如篮球场、溜冰场、足球场、游泳池等专项体育活动设施。

运动游乐场地一角

安全是各类游乐设施设置时必须高度重视的。固定游乐器械应设置在草坪、塑胶地面或沙土地上，以防止幼儿摔伤。游乐设施多设置在公共游戏场地的边缘地带，自成一区，并避开人流经过的地段，同时，要满足活动器械围护设施所需的面积要求，器械周边外 1.3 m^2 的区域内必须铺设缓冲撞击的地面。

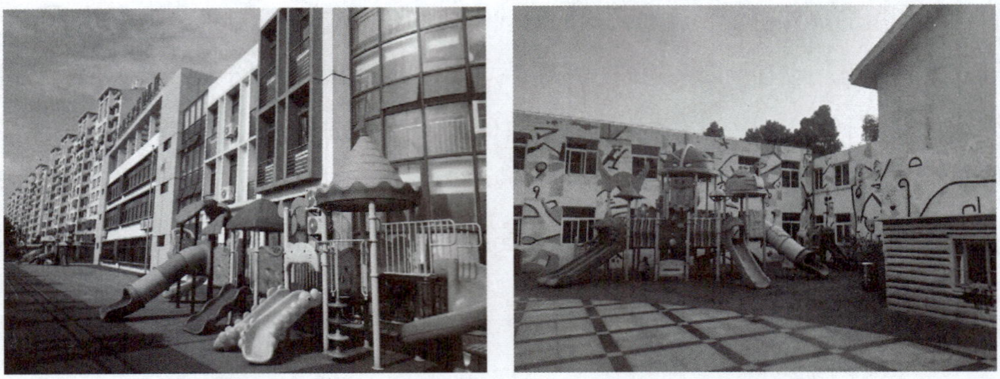

运动游乐设施组图

幼儿园里的“小靶场”

在对游乐设施区进行环境创设时，应不忘其“童趣性”，有趣的命名可以有效吸引幼儿的注意力，可以用游戏情节来命名场景设施。例如，“战胜大灰狼”，游戏中，沙包成了“弹药”，而大灰狼头像则成了“靶心”，这会使幼儿为了打中大灰狼头像而主动调整自己的投掷动作，积极投入到活动中。还可以将固定的乐曲作为游戏规则的信号，当播放充满动感、节奏鲜明的乐曲时，幼儿就知道要随着音乐进行相应的运动了。例如，当幼儿在游戏时，可以播放幼儿熟悉的、欢快的歌曲作为背景音乐，营造轻松愉快的运动氛围；还可以播放节奏紧凑的音乐提示幼儿快速收拾活动器材，并迅速到规定的场地集合等。

2. 戏水玩沙区

戏水玩沙是幼儿最喜爱的游戏之一。通过揉沙铸型、堆沙山、挖沙洞等与沙、水的亲密接触，既满足了幼儿建构知识的需要，又锻炼了他们身体的协调性，还能培养幼儿对自然科学探索的兴趣。

创设沙池时应注意，为了幼儿健康，又能给沙土消毒，沙池应选择向阳背风的地方，如墙边或树荫下。沙池的面积一般不宜超过 30 m^2，深度为 0.3 ~ 0.5 m，边缘应高出地面，防止沙流失和泥水流入。沙池中的沙子必须经过严格筛选，并且要定期清理，保持其清洁和松软。沙池中可以投放木制小动物、轮胎或塑料小桶等工具材料。

玩沙区

一般情况下，戏水池与玩沙池紧邻，既方便幼儿玩沙后洗手，还可以为沙池供水。水池的面积至少应满足两个班的幼儿同时戏水用，水深不应超过 0.3 m，池底不宜太光滑，以防幼儿滑倒。

玩水区

3. 种植饲养区

应在幼儿园户外环境中为幼儿开辟一块种植场地，一般要选择在幼儿园背风向阳边角处。每个年龄班都应该有自己的种植区，设立班级标牌，交给幼儿管理，让幼儿自己动手种一些较容易生长的蔬菜、花卉，如胡萝卜、丝瓜、蚕豆、红辣椒、草莓、菊花等。没条件的幼儿园应积极创造条件、因地制宜，利用角落或盆罐、纸盒等容器进行种植活动。让幼儿通过播种、浇水、施肥、收获的全过程，观赏、观察、记录植物的生长情况，提高认知水平，亲身感受劳动的辛劳和收获的快乐。

在动物饲养区，可以饲养一些小动物，如小鸡、小白兔、小乌龟等。给这些小动物搭建一些造型特别、富有趣味的小房子，取一些富有童趣的名字。幼儿在此活动时，就像置身动物世界一样。

种植饲养区的开辟，能够培养幼儿从小热爱劳动、珍惜劳动成果、热爱大自然的习惯。

墙角里的“百草园”

“种植大西瓜”

“爱心小菜园”

“街坊邻居”

二、园庭绿化与美化

幼儿园绿化的主要工作是花草树木的栽植，包括树木的栽种、草坪的铺植、花坛的设计、盆栽的培植和花卉的维护等；美化的主要工作是在绿化的基础上，进行园景设施的创设，如园路、长廊、雕塑、小桥、水池、凉亭、假山、园灯的布置等。幼儿园绿化具有提升教育环境的品质、促进教育功能的发挥、增进师幼的身心健康、维护生态的平衡等功能，园景设施的创设使幼儿园园舍更具有整体感、生动性且具生命力。幼儿园绿化与美化的项目繁多，以下仅就其主要项目加以介绍。

“小桥流水”

1. 园路

园路是联系园舍建筑与园景设施之间的动脉，具有交通、绿化、游戏或健身和景观引导等功能。园路的路面，可以根据功能不同铺设不同的材料，常用材料有水泥、柏油、鹅卵石、青砖、红砖、青石板、大理石等。园内的人行道可以设置间断性的曲径踏石，以增加绿化效果，增添园庭情趣；健康步道应选择园中较僻静而阴凉的地方，以利于幼儿尽情松弛健身；轮车游戏道路是供自行车、玩具小汽车、滑板等使用的道路，应足够宽、平坦，且可并入主通道。

在园路环境创设上可增加一些趣味性。例如，在园路上铺设几何形石块，或在草地上用鹅卵石铺出一条小径，幼儿走在小径上，可边数边认，也可蹦跳踩踏图形。园路的环境创设能有效地促进幼儿的身体运动、知识增长、动作技能协调。

“曲径通幽”

鹅卵石铺出的小径

2. 雕塑

雕塑是一种造型艺术，可以提升园庭景观的美化品质，具有画龙点睛的功能。雕塑的材料不同，会给人以不同的心理感受，如大理石给人坚润感，青铜给人沉毅感，黏土给人朴实感等。雕塑的大小应适合幼儿身材，以小巧玲珑、亲切美观为佳。雕塑的主题应贴近幼儿的生活经验，可用小动物或卡通人物等具体、幼儿可理解的形象。

雕塑的位置可以配合园庭景观进行适当选择，以产生视觉焦点，通常设置在前庭、树荫下、草坪上、花圃内，斜坡边以及花坛或水池中。

3. 长廊

长廊也称绿廊、凉棚、阴棚等，是一种顶部攀附生长蔓生植物的园景设施，它具有连接室内与户外或户外游戏区的功能，可供休憩、遮阳、观赏和通行。有的幼儿园依托或围绕长廊设置爬索、攀登网、吊挂摸高等设施，既增加了长廊的功能，又可以作为幼儿游戏的好场所。

长廊的设置，宜选择日照、通风及排水良好的地点。应不定期地对顶棚的蔓生植物进行修剪，一方面为了美观，另一方面也是考虑顶架的负荷，同时也要经常对顶架进行防锈和刷油漆等养护处理，以避免设施老化或发生倒塌事故。

幼儿园里的动物雕塑组图

4. 树林

树木是园庭绿化与美化的重要材料之一，树木枝繁叶茂则具有立体美感，有净化空气、减弱噪声和安和心理的作用。绿化区可以种植各种树木，如果木、花木、竹子等。在树林中保留土质地面，铺设鹅卵石小道，吊挂秋千、摇椅等设施，使其成为幼儿游戏的理想场所。

幼儿园里的长廊组图

在幼儿园小树林的环境创设中，充分利用树木资源，可以开发很多有意义的活动。例如，画画时，幼儿可以亲身感知树木的远近关系，用近大远小及遮挡的画法表现；可以设立小树林故事会，设想快乐的小树林里住着什么动物，它们会唱什么歌曲，以假设“我是快乐的（动物名）”为名，请家长和孩子们一起续编故事，并用笔把自己所想画出来，和大家一起分享。

“树林运动会”

"小树林故事会"

5. 草坪

草坪也称为草地或草皮，就像绿色的地毯，给人以心旷神怡、优雅自在的感觉，它不仅可以减少尘土飞扬，还可以增加园庭开阔之美，降低气温、柔化生硬的园舍建筑。幼儿在草坪上面快乐奔跑时，可以沉浸在绿意盎然的柔和环境之中。

自然草坪

现在有很多幼儿园铺装人造草坪，不仅方便维护，还可以搭配图案和彩虹跑道。但对于人造草坪的选择要注意的是，所用的材质要无毒、耐用和环保，最好还有减震、防噪声的效果。同时要注意尽量选择弹性好的人造草坪。

人造草坪

三、园门与围墙

园门是幼儿园给人的第一印象，也是幼儿园形象的标志。从建筑设计角度来说，园门与围墙应该与幼儿园整体环境和建筑风格相协调，还要能体现幼儿园的教育特色。从环境创设角度来说，第一，园门应有适当的高度和宽度，造型宜活泼、美观大方，大门材料可用钢材或木材等，门的颜色以鲜艳的暖色为宜，园门和围墙上可点缀小动物、花卉等图饰，以增添童心趣味。第二，园门入口处，要设置接待室或等待空间，通园道路务必与服务性通道、服务性空间（如物品搬运、垃圾处理、送餐等通道）分离。

某幼儿园园门

围墙的环境创设可以采用涂鸦手段，引导幼儿围绕办园特色、展示教育特色、园本文化、全园型活动、节假日文化等主题进行创设。

四、建筑物外墙面

幼儿园建筑外墙面的装饰总体上要有儿童生活气息，富有童趣，装饰风格可采用儿童画、卡通画形式，配以树木花草点缀墙面，从而使整个建筑充满生机、清新可爱。

有人会认为以上工作幼儿参与度不高，甚至无法让幼儿参与，所以建筑物外墙面的装饰只要考虑童趣性就行了，谈不上环境创设，结果丧失了一个丰富的环境创设资源。从环境创设角度来讲，幼儿园建筑物外墙面有很多项目可为，如设置户外涂鸦区，能够大大地激发幼儿的创作欲望，自由涂鸦墙墙面可以选择能够擦掉涂抹痕迹的瓷砖，也可以使用绘画纸裱糊的墙面等，这样就可以使墙面“活”起来。还可以在外墙面设置橱窗，展示幼儿美术、手工等作品，提升他们的自豪感。

户外涂鸦区

思考·练习

1. 简述幼儿园户外环境的构成与功能。

2. 根据户外环境创设的原则，分析一所幼儿园户外环境创设的效果。

3. 假如你在一所农村幼儿园任教，现在园长要求你创设户外环境，你将从何处入手？将如何有效利用农村环境资源？谈谈你的设想并分析可行性。

第六章 国际主流学前教育课程模式环境创设

学习目标

- 了解国际主流学前教育课程模式环境创设的理念
- 掌握国际主流学前教育课程模式环境创设的特点
- 掌握国际主流学前教育课程模式在环境创设方面的共同点与不同点

第一节　蒙台梭利课程模式环境创设

蒙台梭利课程模式起源于意大利，以创始人玛丽亚·蒙台梭利命名。凡是实践这一课程模式的幼儿园，称为蒙台梭利幼儿园或蒙氏幼儿园。蒙台梭利幼儿园普遍注重培养幼儿的学习能力和学习习惯，希望通过营造环境挖掘幼儿的内在力量，从而达到幼儿自我学习的目标。

一、蒙台梭利课程模式环境创设理念

蒙台梭利课程模式强调有准备的环境。蒙台梭利说过："教育体系的最根本特征是对环境的强调。"她的教育方式也可以称为有准备的环境教育。她认为，有准备的环境

应该是一个有序的环境。在那里，幼儿能够安静而又有秩序地、有规律地生活，以便不断地完善与发展他们的生理和心理。

二、蒙台梭利课程模式环境创设原则

1. 自由的观念

幼儿只有在自由的气氛中，才会显露他们的本质，成人才可以深入观察幼儿的兴趣和活动，了解幼儿的个性和发展，随时改进环境以适应幼儿的需要。

2. 结构与秩序

有秩序不仅指每件物品的摆放都有条不紊，更强调物品陈设的顺序要考量幼儿的接受程度和需要，以及使用和归还是否方便。幼儿的秩序感从 2 岁开始，其后的数年间，幼儿对秩序的感觉是极其敏锐的。所以，秩序应存在于有准备的环境中的每一部分。

3. 真实与自然

蒙台梭利环境为幼儿提供的工具是真实的、可操作的，而且与幼儿身体尺度相匹配。蒙台梭利教具通常使用结实的硬木、玻璃、优质塑料 (供特定年龄阶段的幼儿使用) 制成。幼儿易受自然界的吸引，因此，蒙台梭利认为自然必须是学习环境的一部分。在许多蒙台梭利教室中，由幼儿自己照料的植物、动物都是常见的可供幼儿学习的事物。

4. 美感与气氛

蒙台梭利认为，“美并不是昂贵的就是最好的，真正的美是建立在简洁的基础上的。”她要求教室环境在视觉上协调统一、生动、美观和大方。除了美感之外，蒙台梭利还提倡环境气氛应当平和、有滋养力、轻松而温馨，使幼儿乐在其中。

三、蒙台梭利课程模式环境创设典型范例

对于蒙特梭利课程模式来说，教室就是环境。典型的蒙台梭利教室面积为 46 ~ 82.8 m^2，通常包括盥洗室和通道空间在内，每班 20 ~ 25 名幼儿，一名教师和一名助理。蒙台梭利教室的典型模式有五个活动区域：日常生活区、感官活动区、数学活动区、语言活动区和科学文化活动区。所有活动区域通过家具摆放、地面覆盖物等加以区分；各区域间保持畅通，方便幼儿移动到适当的活动区；所有区域的教具都陈列在低的开放的柜子上，方便幼儿拿取。五个活动区域的具体设置要求如下。

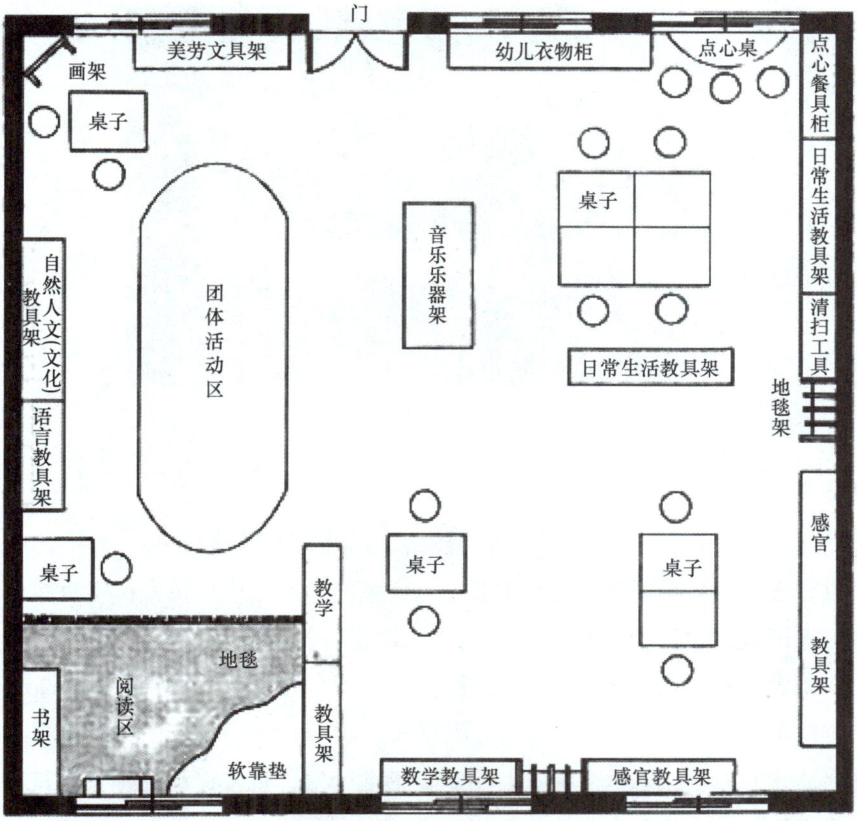

蒙台梭利教室五大教学区配置

1. 日常生活区

（1）因日常生活区活动常常需要用水，宜选择接近水源的地方。

（2）选择接近门口处，以吸引幼儿进入日常生活区活动。

（3）选择在通风及有阳光的地方。

（4）幼儿在桌上操作的活动较多，故桌子的设置应充足。

（5）设置点心桌和清扫用具。

日常生活区

日常生活区教具

2. 感官活动区

（1）幼儿通常在地毯上操作感官活动教具，因此桌子设置较少。

（2）感官教学和数学逻辑思考有关联，因此感官活动区应尽量安排接近数学活动区。

（3）不宜设置在教室出入口区，以免幼儿搭建好的作品被出入者碰倒。

（4）需布置各种几何图形表和颜色表。

（5）应避免和安静区（如语言活动区）相邻。

为发展幼儿的视觉、触觉、听觉、嗅觉等感觉产生了蒙台梭利的感官教具。这些教具具有显著的特色：①抽象事物具体化，如大小的概念可以通过“粉红塔”等教具清楚地呈现出来；②错误控制，教具具有自控制错误的功能；③帮助幼儿形成数学逻辑心智，蒙台梭利课程模式的数学采用十进制，很多教具都是以十为单位的；④准确性，每组教具都有它的科学性、准确性；⑤对幼儿敏感性的配合，教具的使用能积极地去配合发展幼儿的敏感期，如有的幼儿每天都做同样的活动，这是因为他喜欢这项活动，对此感兴趣，才会不断地发现、创造和建构。

幼儿在感官活动区工作

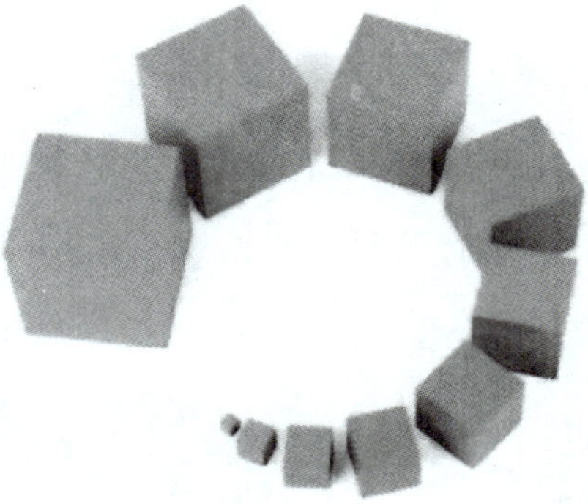

“粉红塔”

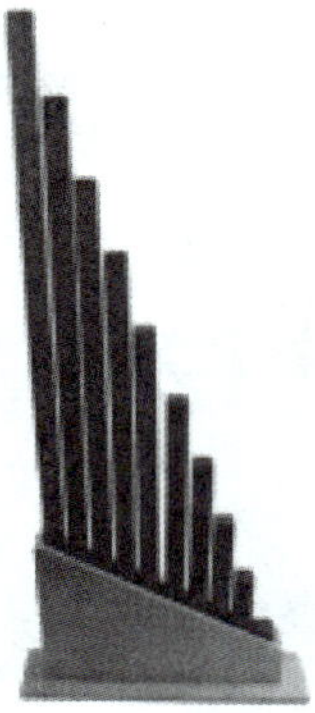

“红棒”

感官活动区教具

3. 数学活动区

（1）应尽量接近感官活动区设置。

（2）数学活动教具大多庞杂，需在地毯上操作的活动较多。

（3）可放置身高器、体重器、温度计、时钟、生日卡等与数字有关的教具。

（4）数学教具的零件较多，需要善加管理，可用矮柜隔出半开放空间，避免与其他教具混放。

数学活动区

数学活动区的教具

4. 语言活动区

（1）语言活动需要思考，所以语言活动区宜安排在较僻静的角落。

（2）选择光线充足、柔和的地方，最好接近窗台，以利于阅读和书写。

（3）布置盆栽，提供软靠垫，营造宁谧的气氛，并可作为幼儿暂时的私人天地。

语言活动区

语言活动区教具

5. 科学文化区

（1）临近水源、电源和光源，以利于幼儿进行各种实验的操作。

（2）需有足够的操作桌面，以利于幼儿制作模型。

（3）为了使科学教学活动可延伸至户外，最好有一扇门通至户外，衔接户外的动物饲养区和园艺区，构成一个完整的科学文化区。

科学文化区

科学文化区教具

第二节　华德福课程模式环境创设

华德福课程模式根植于鲁道夫·史代纳自创的人智学。它是配合人的意识发展规律，阶段性针对意识来设置教学内容，让人的身体和心灵都能得到迎合和发展的课程模式。凡是实践这一课程模式的学校，称为华德福学校（本教材只针对华德福幼儿园进行讲解）。

一、华德福课程模式环境创设理念

出自欧洲的三大学前教育课程模式：蒙台梭利、瑞吉欧、华德福，它们有着共同的欧洲文化渊源和欧式审美。在环境创设原则方面，它们都不同程度地提到了秩序、自然、美、家这四大要点，但同时，三种教育模式又各有侧重，如蒙台梭利最突出的特点是秩序与美的结合，瑞吉欧更注重美和自然，华德福则强调巧妙利用自然物，使环境充满家的气息。

二、华德福课程模式环境创设原则

1. 美和自然的环境

华德福幼儿园在选择园址时，特别注重对环境的考察，认为吵闹的环境对幼儿是有害的，会过度刺激幼儿敏锐的感觉。华德福幼儿园的室外环境强调接近自然，要求充满自然的气息与自然之美，所以草地、树林、花卉是华德福幼儿园中常见的景象。华德福课程模式认为自然的环境和由天然材料制成的玩具能使幼儿集中注意力，舒缓心情。华德福幼儿园室内环境中几乎所有的家具、地板都是原木材质的，玩具也由纯天然的材料制成，如没有刷颜色的木头、纯羊毛、棉布、树叶等，没有任何塑料制品。

2. 教师起到重要作用

首先，教师提供模仿的榜样。幼儿模仿不是教出来的，而是幼儿自发的行为。华德福幼儿园的各种教育活动都包括教师提供的各种不同层次的榜样，这些榜样不仅包括教师在教学活动中的示范，更包括教师在日常生活中的一举一动。对幼儿而言，模仿教师的行为是一种适宜的学习方法，幼儿因模仿而变得活跃，而模仿又会以游戏的形式表现出来。

其次，教师努力让日常生活自然地融入幼儿教育之中。教师努力创造出一个一览无余的工作过程，让幼儿可以随时加入。教师在工作之前，要做好详细的计划与安排，井然有序地执行完每项程序，然后就是工作的重复，一份工作最好能连续重复几天，并且在一天的固定时间进行。重复与规律会给幼儿带来安全感，并使幼儿有充分的时间模仿和练习。

最后，教师观察幼儿、研究幼儿。做到在与幼儿相处时有预见性，懂得幼儿每一个动作的含义，以便为幼儿提供更加适宜的活动环境。

三、华德福课程模式环境创设典型范例

1. 建筑外观

华德福幼儿园的建筑物风格一般较为引人注目，通过建造不同角度（不仅垂直）的墙壁，使整体建筑造型更加流畅，减少“盒装感”。

华德福幼儿园

2. 环形布局

华德福幼儿园相较其他类型的幼儿园更偏爱活泼的环形布局。活动区的架子、桌椅围绕教室靠墙摆放，中间留出集中活动和自由玩耍的场地。这种环形结构不仅仅在于教室的布置，更是一种整体活动理念，它为晨圈活动（幼儿围成圈做活动，该活动多在早晨开展）留出了空间，也为幼儿之间的互动留出了空间。活泼的布局当中还隐藏着一种内在的秩序，室内物品的摆放看似散乱，但实际上每件物品都有自己的“小窝”。

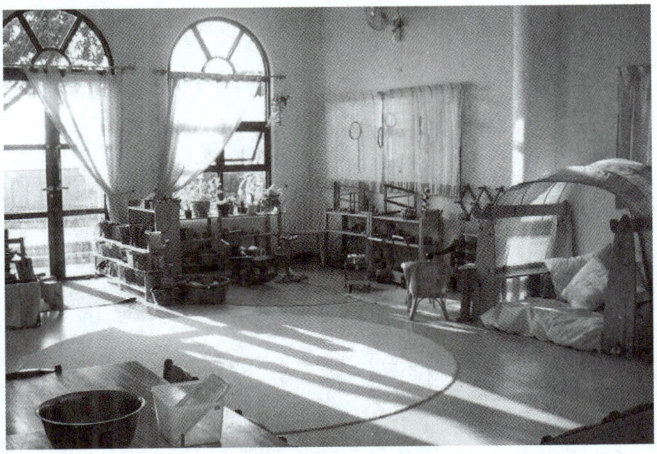

环形布局

3. 帐幔搭配

华德福幼儿园会巧用丝绸或布质帐幔营造出温馨的家庭氛围。在天花板上悬挂帐幔，能从视觉上降低天花板的高度，增加幼儿的安全感；窗户上方的丝制帐幔，能增加采光的柔和度，使室内气氛更加温馨；座椅或沙发上方用帷幔搭出小帐篷，营造出与幼儿身高相匹配的私密小空间。

4. 四季桌

华德福幼儿园的环境中有个重要的角落——四季桌。四季桌一般靠窗边和墙角摆放，它是大自然的舞台，承载着春、夏、秋、冬季节的循环交替。不断变换的季节以不同的生活场景和真实的天然物品呈现在幼儿眼前时，大自然的律动与他们内心世界的节奏得到了完美的契合。

帐幔布置

四季桌

5. 田园式环境

与田园式环境创设相应的是质朴的田园生活。教师在幼儿园里从事温暖的“家务活动”，如做饭、打扫、缝纫、编织、喂鸟、耕种等，幼儿通过自发模仿，不仅能学习技能，而且能体会生活。

田园环境

第三节　瑞吉欧课程模式环境创设

瑞吉欧·艾米里亚是意大利北部的一个小镇，自 20 世纪 60 年代以来，洛利斯·马拉古齐和当地的幼教工作者一起兴办学前教育，形成了一套“独特与革新的操演和课程假设、学校组织方法以及环境创设的原则”，即瑞吉欧·艾米里亚课程模式，简称瑞吉欧模式。凡是实践这一课程模式的幼儿园，称为瑞吉欧幼儿园。

一、瑞吉欧课程模式环境创设理念

瑞吉欧课程模式强调课程来自周围环境。瑞吉欧课程模式没有明确规定的课程内容，更没有固定的教材或是预先设计好的教育活动方案。课程产生于活动过程中，是开放的生成课程。课程的内容来自周围环境，来自幼儿在生活中感兴趣的事物、现象和问题，来自幼儿的需要，来自他们各自的活动。

瑞吉欧课程模式对环境的诠释和实践远远超出日常对环境的界定。它将环境视为一个可以支持社会互动、探索与学习的“容器”，赋予了环境丰富而深刻的教育内涵，使一切方案活动都以环境的创设为基础，把环境的教育价值摆在了整个教育取向的一个重要位置。

在瑞吉欧幼儿园，除了每个班有两位教师外，还有“第三位教师”——环境。当环境被赋予“教师”的意义时，环境已不再是没有生命的完全物化的东西，而成为一种富有人格魅力的教育力量。

二、瑞吉欧课程模式环境创设原则

1. 环境是教育活动设计与实施的要素

在瑞吉欧课程模式所倡导的建构性学习中，幼儿的认知、情感和社会性的发展始终来自与环境的相互作用中，幼儿与环境相处的方式直接影响教育的质量。教师会根据幼儿对周围环境产生的兴趣，从中挖掘新的教育活动方案。并在思考方案的过程中重新考虑对新环境的设置，然后在尽可能的情况下，将教育活动方案不断延伸。

2. 环境是最佳的“记录”方式

幼儿园的墙壁应该是会说话的墙壁，它也有记录的作用，可以利用壁面的空间暂时或永久地显示幼儿的生活和活动。所以，当人们走进瑞吉欧幼儿园，不需要询问，只要留意校园的环境，就能“阅读”到其中蕴含的各种教育信息。

3. 环境富有“家庭”的氛围

幼儿园不仅仅是幼儿学习、教师教学的场所，幼儿园应该像一个家。因为家庭般的舒适、温暖和愉悦的环境，对于心理和生理尚处于幼稚水平的幼儿来说，有助于他们获得安全感和幸福感，有助于他们在团体中学会与他人交往，有助于他们建构式学习的顺利进行。

4. 环境是幼儿与幼儿之间、幼儿与成人之间、幼儿与物之间互动的关键性因素

把教室分隔成大小不同的空间，便于幼儿在人数不同的小组中进行合作学习，方便他们进行沟通、竞争与合作，同时也便于教师进行倾听和记录；活动区的各种工具、材料和设备摆放在幼儿伸手可及的地方；通向所有教室的中心广场是不同年龄幼儿碰面交流的地方，是他们逗留游戏的地方，也是各种想法诞生的地方。

三、瑞吉欧课程模式环境创设典型范例

1. 艺术工作室

瑞吉欧幼儿园一般会有一个所有班级共享的艺术工作室，除此之外，每个教室还会配有一个迷你艺术工作室。颜色清新的墙壁、高低错落的绿植为艺术工作室赋予了活力。艺术工作室的空间布置并不固定，教师会根据不同教育主题对其进行重新布置。

艺术工作室

对艺术工作室的重视是大多数瑞吉欧幼儿园共有的特点。瑞吉欧课程模式特别强调想象力和审美的重要性，重视对幼儿表达能力和创造力的培养，认为幼儿可以通过多种方式表达自己。艺术工作室正是再现、拓展和合作构建幼儿想法、实现这一理念的重要载体，甚至被视为瑞吉欧幼儿园的核心要素。

2. 中心广场

中心广场译自意大利语“Piazza”。古罗马人喜欢在广场上集会，进行各种交流和创造性活动。瑞吉欧课程模式将其引入幼儿教育，倡导自发与交流、探索与合作。

中心广场

第四节　高瞻课程模式环境创设

高瞻课程是一种开放式架构的课程，由美国幼儿心理学家、佩里学前教育研究设计的主持人戴维·维卡特于 1970 年创立。 高瞻课程理论的基础主要是以皮亚杰认知导向为中心。凡是实践这一课程模式的幼儿园，称为高瞻幼儿园。

一、高瞻课程模式环境创设理念

高瞻课程模式强调要为幼儿主动学习提供支持性环境。在学习的过程中，教师与幼儿是合作伙伴，他们之间的积极互动是形成温暖且具有支持作用的教育环境的核心。教师有组织地在教室里设置各种不同开放性材料的活动区，从而为幼儿创造出一种激励性的学习环境。

二、高瞻课程模式环境创设的原则

1. 环境促进幼儿的主动学习

主动学习是指幼儿通过直接操作物体，在与教师、同伴、观点及事件的互动中，建构新的理解的学习过程。为促进幼儿的主动学习，教师应提供支持性的环境与氛围。例如，在准备材料时，教师要根据幼儿不同发展水平为其提供丰富且适合其年龄特征，并可以使用各种方式操作的活动材料，而所有幼儿都拥有自己选择操作何种材料与操作活动持续多长时间的自由，有机会进行自由的操作、转换和组合，从而激发幼儿主动学习的内在动机。

2. 环境是构建课程体系的基础

在高瞻课程模式建构的学习轮中，学习环境的创设是第一步，是构建课程体系的基础，更被认为是顺利进行一日常规、营造师幼互动的氛围和教师科学准确评估幼儿的前提。高瞻课程模式认为幼儿的发展在很大程度上依赖于幼儿对周围环境的操控以及与周围环境的积极互动，尽管幼儿在互动中会失误、犯错，但错误本身就是另一项学习的开始。

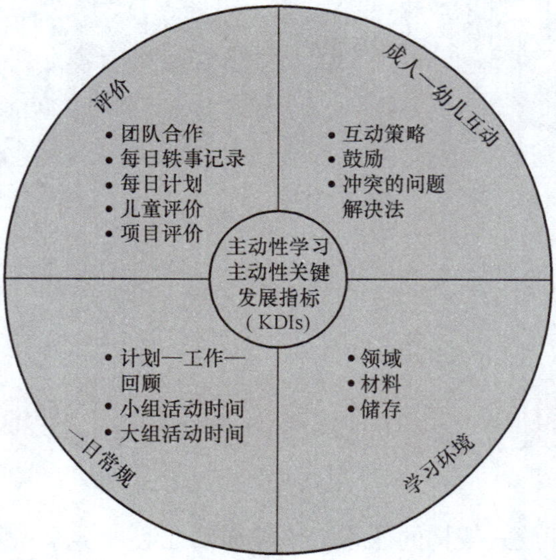

高瞻课程模式学习轮

3. 创设挑战性的环境

高瞻课程模式中的支持性环境同蒙台梭利课程模式的有准备的环境有相似之处，但是，高瞻课程模式不是以预先准备的结构性活动作为幼儿的学习内容，而是为幼儿创设发展适宜的、具有挑战性而又井然有序的主动学习环境，促进幼儿的全面发展。

三、高瞻课程模式环境创设典型范例

1. 室内环境

室内环境创设与富有变化而有序的一日常规等相辅相成，方方面面构建起以“主动性学习”为核心的高瞻特色课程。

各个功能的区角划分明确，具体包括五个部分：积木区、玩具区、娃娃家、艺术区、读书区。五大区角息息相关、环环相扣，既独立作用又统一融合。

室内区角

高瞻的室内环境创设真正融入了主动性学习的理念，幼儿可自行决定前往各个区角自由地工作和玩耍，将“计划—工作—回顾”的一日活动进行得淋漓尽致。

在高瞻幼儿园中，各种材料的标识和存放都十分清晰，取—用—归还，每个环节都很方便。例如，艺术区的材料一般放置在透明的盒子中，便于幼儿看到材料本身，在盒子外面都有清晰的标识，盒子所放置的架子上也有相应的标识提示幼儿在归还时的放置位置。

收纳箱

2. 户外环境

高瞻幼儿园的户外环境，不仅是锻炼身体的场所，更是培养幼儿学习主动性的极佳教室。户外环境创设如同其室内环境创设一样，虽有较为明显的区角划分，但是材料流动性极强，可以为幼儿不断带去更多的探索机会。

户外环境

高瞻课程模式的一些活动材料是室内活动和户外活动通用的，这些活动材料就像一个纽带将室内和户外的课程学习联结在一起，将室内与户外的距离不断拉近。

思考·练习

1. 走访一所蒙台梭利幼儿园或本章所讲的其他类型的幼儿园，描述其环境创设的特点。

2. 比较国际主流学前教育课程模式下环境创设的异同，举例说明它们对我国当今幼儿园环境创设的可借鉴之处。